Nodar Dumbadze
KUKARAČA

REČ I MISAO

NOVA SERIJA

398

Prevod i pogovor
VERA ZOGOVIĆ

Urednici
BRANISLAV MILOŠEVIĆ
DRAGAN LAKIĆEVIĆ

NODAR DUMBADZE

KUKARAČA

IZDAVAČKA RADNA ORGANIZACIJA „RAD"
BEOGRAD, 1986.

Sva u voćkama, jednospratna kućica teta-Marte stajala je na ćošku Ulice Varazishevi.

Kad bi nastupilo leto, zeleno dvorište je odjekivalo kletvama i kuknjavom — to je teta Marta terala čopore mališana koji bi se kao vrapci načičkali po stablima.

— Silazi s višnje, nevaljalče!

— Bičo, derane! Skrhao se dabogda! Zašto lomiš grane?

— Udavio se majci, nitkove! Zar ne vidiš da su zrna još sasvim zelena!

— Gori, napuni pušku solju!

— Prokleti lopovi, probisveti. Daj bože da svi pocrkaju!

— Silazite, dok vam nisam Kukaraču pozvala!

— Oh, kuku meni kukavici! Kud li to samo gledaju vaše majke i očevi? Ili ih vi i nemate? Gospode, kazni bezbožnike: neka ih uhvate grčevi u trbuhu. Da se svi od proliva razbole, gospode.

Teta Marta bi jurila od jednog stabla do drugog, a onda, pošto dobro malakše, sela bi nasred dvorišta i otpočinjala mirne pregovore:

— Natela, devojčice, pa ti si učiteljičina kći. I na šta to liči: tvoja mati uči gramatici i predaje *Viteza u tigrovoj koži* čitavoj Vake,[1] a njena kćerka ne ume da razlikuje tuđe od svoga!

— Oj-oj-oj! Dudu — punoglavče. Tvoj je tata inženjer, pola grada je on sagradio, a ti, šta, hoćeš kuće naše da razoriš?

---

[1] *Vake* — rejon u Tbilisiju, gde se odigravaju opisani događaji.

— Ne bojiš se, Gurieli, da ćeš prsnuti! Nedonošče nesrećno! Bolje bi bilo da ti je otac krčmar nego sekretar rejonskog komiteta — ispirao bi ti onda iznutrice u reci Vere. Ded, mangupe, dolazi ovamo, daću ti *maconi!*[1] Silazi, pašče, s drveta, silazi, velim ti, još ću morati i da odgovaram za tebe!

— O-ho-ho, Brodzeli, i ti si tu? Pa naravno, gde bi lopov i bio!... Danas ćeš višnju ukrasti, sutra ćeš stan obiti, onda ćeš voz opljačkati, pa ćeš na kraju postati pirat i brodove tresti kao višnje... A ovo ko je? Bože dragi, Kučiko?! Šta je tebe ovamo nanelo? Ostao dabogda bez te tvoje vetropiraste glave!

— Hej ti, Kosta-Grk! Jeste li zato ovamo došli? Hoćete da upropastite moju porodicu, je li? Zar u Grčkoj nema dosta višanja i dudova?!

— A ti, Kukarača, kud ti gledaš? Da brbljaš: ja ovo, ja ono, to umeš. I još se zoveš rejonski milicioner! Strah i trepet za lopove i džeparoše! Vaspitač omladine? Blebetalo si ti. Kakav si mi ti vajni vaspitač, uostalom, i sam si odrastao u dečjem domu! Junak!

Rejonski milicioner Kukarača bio je čovek duševan i predusretljiv, pa su ga zato svi voleli. Ako nekoga buva ugrize, on će onog časa da potrči Kukarači, a ne nekom drugom. A važnije stvari se već odavno nisu rešavale bez rejonskoga.

Priča se da je Kukarača istog dana pošto se vratio s finskog fronta pošao u rejonski komitet i zatražio posao. „A šta ti znaš da radiš?" — upitao ga je sekretar. „Znam da pucam i ubijam naše neprijatelje!" — odgovorio je Kukarača. Osmehnuo se sekretar koji se inače retko osmehivao i uputio ga u rejonsko odeljenje milicije. To vam je čitava biografija rejonskog milicionera. Pričalo se da se on na frontu junački borio i da mu je navodno sam Vorošilov prikačio na vojničku bluzu orden Crvene zastave. Biva, skinuo ga je sa svojih prsiju, potapšao Kukaraču po ramenu i rekao:

---

[1] *Maconi* — vrsta gustog kiselog mleka.

„Delija si ti, Kukarača. *Dzalian kargi biči har!*"[1]
A Kukarača kao da je onda priupitao Vorošilova:
„Otkuda vi, Klimente Jefremoviču, znate gruzijski?"
Drug Vorošilov nije odgovorio ništa, samo se osmehnuo.

Kad bi pitali Kukaraču da li je sve ovo bilo ovako, on
bi diplomatski izbegavao odgovor:
— Ma nije važno... Bolje da vam ispričam zašto sam
dobio orden... — I on bi po ko zna koji put stao da priča tu
istoriju...

Desilo se tako da je Kukarača sa svojim tenkom upao
u protivtenkovski rov i uz sav trud nije otud mogao da se iz-
vuče. A pošto se dobro izmučio, on je, jadnik, zaspao. Od-
jedared, začuje on nekakvu galamu, nečije glasove. Prilazi
linzi i ima šta da vidi: Finci su dovukli dva laka tenka, vezali
Kukaračin tenk za konopac i počeli da vuku! Pritajio se
Kukarača, a Finci su njegov tenk izvukli i odvukli do svojih
položaja. „O, ne — pomislio je Kukarača — to neće moći
tako!... Nazdravlje! Mogao bih još i u zarobljeništvo dospe-
ti!" I on upali motor, naglo zaokrene, pritisne gas... pa, pre
nego što su Finci uspeli da se osveste, povuče za sobom nji-
hove lake tenkove... Tako se dočepao svojih. Doduše, Finci
su se, đavo ih poneo, razbežali, ali su dva njihova tenka, ce-
la-celcata dopala Kukarači!
Na ovome bi Kukarača prekidao svoju priču. A kakav
je zapravo razgovor vodio s Klimentom Jefremovičem, to
niko tačno i ne zna.
Prodavci *maconija* počeli bi se još zorom spuštati iz
Chneti[2] u Tbilisi; svoju magarad bi ostavljali u dvorištu te-
ta-Marte, a oni sami bi se, natovarivši preko ramena bisa-
ge, raštrkali po gradu, zaglušujući ulice i dvorišta prodor-
nim: „*Ma-co-o-oni!*, mle-e-ko!"
Poslepodne, pošto rasprodaju robu, oni bi se ponovo
okupljali u tom dvorištu, posedali bi oko dugačkog drvenog

---

[1] *Dzalian kargi biči har* — Dobar si momak!
[2] *Chneti* — selo u bliskoj okolini Tbilisija.

stola i polako ispijali po bocu kahetinskog, smenjujući zdravice novostima i spletkama.

Mi smo teta-Martino dvorište prozvali „magareća garaža".

Ponekad bi chnetske macondžije ovde organizovale trke svojih dugouhih trkača. Start je bio kod dvorišne kapije, a cilj — kod zadnje ograde; rastojanje: 25—30 metara. Za džokeje su iznajmljivali nas decu. Pobednik je dobijao teglu *maconija*, a pobeđeni porugu i po potiljku.

Razume se, svako magare je imalo svoje sopstveno ime, ali mi smo ih zvali po imenu njihovih gospodara.

... Toga dana su pripiti macondžije takođe odlučili da se pozabave trkom. Utvrđen je i ulog — pet rubalja.

Ja sam pojahao Kitesa, Natela Aršaka, Dudu Šakroa, Irača Imada, Kosta-Grk — Halvatu. Bilo je i drugih magaraca ali oni nisu učestvovali u prvom turnusu — broj takmičara bio je ograničen širinom trkačke staze. Teta Marta i vlasnici te magradi nisu učestvovali u trkama, oni su bili sudije.

Teta Marta je odbrojala do tri i trke su otpočele. Smešno mrdajući ušima i topćući kopitama, magarci su krenuli prema cilju. Pomamljene, gazde su, bučno uzvikujući, počele da bodre magarce i jahače:

— Navali, ne hranim te valjda badava ječmom?!

— Čuješ, Bičo, sedni mu na sapi, brže će potrčati!

— Vidi ga! Baš je magarac! Stao i ne mrda! Podbodi ga, podbodi!

— Evo junaka! Hajde, devojčice! Gle, raspalio se! Sila!

— Ej vi, jadovi! Pretekla vas je devojčica!

Natela je dobila teglu *maconija*, Aršaka — pet rubalja, a ja — po potiljku... I tek što smo se pripremili za drugi krug, kad je u dvorište, mašući rukama, uleteo naš prijatelj Zevera i viknuo strašnim glasom:

— Ubili su Kukaraču!

Od tišine koja je odjedared nastupila zadrhtali su i vrapci na drveću.

Zevera je, već mirnije, ponovio:

8

— Ljudi, ubili su Kukaraču... — i ovlažio je jezikom sasušene usne.

— Ko? — upitala je teta Marta nakon dužeg ćutanja.

— Ne znam — slegnuo je ramenima Zevera.

— Gde? — opet je upitala teta Marta.

— Na Kobuletskoj padini — pokazao je rukom Zevera.

— U Inginoj kući?!

Zevera je kimnuo glavom. Teta Marta je skinula maramu s glave i izišla iz dvorišta.

Deset minuta kasnije čitav naš kvart se okupio pred Inginom kućom.

Bolničari i dva milicionera na nosilima su izneli Kukaraču. Iz njegovih prsiju, na dva mesta probijena metkom, lila je krv. Pored nosila koračala je Inga — sva izgrebana, iskrivljenog lica. Ona se svakog časa saginjala k nosilima, zagledala se u Kukaračino lice i šaputala:

— Kukarača, ne umiri, ne ubijaj me... Preklinjem te majkom, Kukarača, ne umiri... Ko će poverovati da nisam ja kriva... Kukarača, mili moj, ne umiri, molim te...

Nosila su stavili u automobil „hitne pomoći" i Kukarača je tu došao k svesti.

— Kukarača, mili, ne umiri... — Inga je klekla pred nosilima. Kukarača je zamagljenim očima pogledao ljude oko sebe. — Ne umiri, ne umiri Kukarača, molim te... — ponavljala je Inga — propašću ja, Kukarača, neće mi verovati...

— Ćuti... — prošaptao je Kukarača — idi odavde... Ti nisi tu bila... Čuješ li? Odlazi...

— Kukarača!... — Inga je pritisla usne na Kukaračinu ruku. — Mili moj...

Kukarača je više nije slušao, on je očima tražio nekoga i na kraju ga je našao.

— Davide!

Iz gomile je istupio načelnik rejonskog odeljenja milicije.

— Davide, ti znaš, ova žena je moja žena... I ona je čista kao suza na njenom obrazu... Jesi razumeo?

David je kimnuo glavom. I Kukaračine ispucale usne malo je pomerio osmeh.

— Inga — progovorio je Kukarača — uokolo je magla... ružičasta magla... Ja te ne vidim... Oh, Murtalo,[1] gade odvratni, podlo si me ucmekao... — Kukarača je tužno odmahnuo glavom, pa je upro pogled u Ingu i pružio ruku prema njenom licu. Za trenutak ruka je zastala u vazduhu, a onda je, kao odsečena, pala.

Bez ijednog jauka, bez ijedne reči, s osmehom na licu umro je Kukarača — poručnik milicije Georgij Tušurašvili...

Prvi gost u nešem novom stanu (mi smo se iz Anastasjevske ulice preselili u Ulicu akademika Mara) bio je poručnik milicije, visok, crnpurast i lep. Čim je mama otvorila vrata, on je odmah, i ne sačekavši poziv, pošao pravo u kuhinju i seo na stoličicu.

— Ko ste vi i šta vam je potrebno? — upitala je mama, zapanjena ovakvom nepristojnošću.

— Ja sam, poštovana... — poručnik je zamucao.

— Aniko! — oštro je dodala mama.

— Ja sam, poštovana Aniko, rejonski opunomoćeni oficir Ordžonikidzeovskog rejonskog odeljenja milicije grada Tbilisija Narodnog komesarijata za unutrašnje poslove Gruzijske SSR Georgij Tušurašvili, po nadimku Kukarača! — ispalio je poručnik bez predaha.

— Lep nadimak — nasmejala se mama.

— Da. Rodio sam se crnoput, ali ne znam na koga. Možete me jednostavno tako i zvati: Kukarača!

— I vi ste zato došli k nama da mi to saopštite?

— Naravno da nisam! Ja vodim evidenciju o svim maloletnicima koji stanuju u našem rejonu, pošto mi je stavljeno u zadatak da brinem o njihovom životu i vladanju van škole i porodice. — Kukarača je izvukao iz oficirske torbice debelu svesku i olovku.

---

[1] *Murtalo* — lopovski nadimak, doslovce: nitkov, prljav čovek.

— Poštovani... e-e-e... Kukarača, da niste vi slučajno pogrešili adresu? — upitala je mama.

Ne shvativši ironiju, poručnik je ozbiljno odgovorio:

— Ne, kako? Ulica Mara, broj 2, prvi ulaz, treći sprat, stan broj 8, Vladimir Ivanovič Gurieli. Ili se možda varam?

— Da, poštovani, varate se! Moj muž je prvi sekretar rejonskog komiteta partije i u našoj porodici nema i ne može biti ničega zajedničkog s milicijom, i dok sam ja živa, neće biti potrebna ničija pomoć u vaspitavanju moga sina... Mamino lice osulo se crvenim pečatima. I vama bih savetovala: umesto da odlazite u poštene kuće, bilo bi bolje da se pozabavite huliganima i lopovima. Da!

— Nemojte tako, poštovana Aniko! — mirno je odgovorio Kukarača i zatvorio svesku.

— Ja znam šta govorim! Moj dečak nema još ni dvanaest! O kakvoj milicijskoj evidenciji je reč?

— Nemojte tako, poštovana Aniko! — ponovio je poručnik.

— Šta ste to uzeli da ponavljate: „Nemojte", „nemojte"! Ja bih vas molila da se više ne opterećujete ovakvim poslovima! — Mama je ustala. Ustao je i poručnik.

— Dao bog da se nikad ne morate meni obraćati... A istini za volju, u godinama vašeg sina ja sam i potajno pušio, i kartao se s decom iz našeg kvarta, i čak su mi tetoviranjem ruku ulepšali. Pogledajte! — Kukarača je zasukao rukav.

— Nije bilo potrebe da se opterećujete! I bez toga ja vidim ko ste! — energično je rekla mama.

— Zašto tako, poštovana Aniko? Ja nisam došao da se svađam...

— E pa odlično, zbogom! — odgovrila je mama.

— Do viđenja! — Kukarača je pošao prema vratima. Ja sam stajao u hodniku i slušao ceo njihov razgovor. Tako ljutitu i naprasitu mamu ja još nikad nisam video. Prolazeći pored mene, Kukarača se zaustavio i pomilovao me po obrazu.

— Kako se zoveš?

— Tamaz! — obrecnuo sam se ja i osorno se odmakao.

11

— Hvala što mi ruku nisi odgrizao! — rekao je Kukarača i izišao, pritvorivši vrata za sobom.

— Prostak! — dobacila je mama za njim.

Slučaj koji će dalje biti opisan desio se mesec dana pošto se Kukarača pojavio u našoj kući.

Niz Varazishevi smo se spustili prema rečici Vere, ispentrali se preko ograde zoološkog vrta i obreli pod ogromnim stablom oraha.

— Hajte! — šapatom je naredio Kučiko, podmećući svoja leđa. — Berite koliko možete poneti!

Popeo sam se na njegova leđa, uhvatio se za donju granu, pa se podigao i oprezno ispeo naviše. Za mnom su to isto uradili Dudu, Kosta-Grk, Irača i, na kraju, sam Kučiko.

Radili smo brzo i ćutke. Nakon petnaest minuta naše su košulje bila pune zelenih oraha.

— Dosta! Silazite! — zapovedio je Kučiko.

Spustili smo se s drveta, prešli ogradu i jedan za drugim krenuli uz rečicu Vere.

— Stoj! Ovde! — začula se Kučikova komanda.

Zaustavili smo se kod malog jaza.

— Prospite!

Svi su ispraznili košulje. Na zemlji je izraslo brdo zelenih oraha.

— Počinjemo!

Naoružali smo se oblucima i iz sve snage počeli da gnječimo i mrvimo orahe, svuda oko nas letele su kapljice. A ruke i lica su nam ubrzo bila pokrivena crnim mrljama.

— Dosta! Bacajte sad orahe u vodu! — naredio je Kučiko.

Sakupili smo kašastu orahovu masu i bacili je u jaz, pa smo zamrli u mukotrpnom iščekivanju.

Prošao je minut... Pa još jedan... I onda je na površinu, trbuhom nagore, isplivala prva otrovana riba. Za njom sve nove i nove. Nakon nekoliko minuta ceo jaz se beleo od ribljih trbuščića. Imalo je šta da se vidi! Mi smo zaboravili na opreznost, poskakali smo u vodu i, kikoćući se, počeli da hvatamo poluživu ribu.

— Drži, drži!
— Ova je moja!
— U nedra s njom!
— Baš si sila, Kučiko!
— Ko te je naučio?
— Sam sam smislio!
— Delija!

Oko pola sata trajala je naša divljačka dreka. Napokon je sva riba bila uhvaćena i, umorni, mokri od glave do pete, mi smo se izvalili na obali. Onda je Kučiko podelio ribu na jednake delove i upozorio nas: ako neko pita otkud nam riba: ulovili smo je na udicu!

Ponosni i zadovoljni, razišli smo se kućama.

Majka se zaprepastila kad me je videla mokrog, prljavog i s ribom u ruci.

— Šta... Šta je ovo?... Na šta to ličiš?... Otkud ti riba?
— Lovili smo udicom na reci... Ovo je sve moj ulov.

Mati je htela da ribu baci, ali na moje uporne molbe očistila ju je i ispržila na suncokretovom ulju; kad je probala, začudila se i rekla:

— Vidi, vidi, ukusno je! — i stavila je preda me tanjir.
— Jedi!

Upravo sam gutao poslednju ribicu, kad se začulo zvonce. Mama je otvorila vrata i u sobu je, široko se osmehujući, ušao Kukarača, s bambusovim prutom u ruci.

— Dobar dan, poštovana Aniko! Može li se k vama? — učtivo je on upitao.

— Izvolite! — odgovorila je mama, ovog puta dosta mirno, i sela za okrugli stočić.

Kukarača je prislonio udicu uza zid, izvadio iz oficirske torbice malu knjigu u crvenom povezu i seo naspram mame.

— Šta ste želeli, poštovani Kukarača? I šta vam znači taj bambus? — upitala je mama.

— Sad ću sve da objasnim... Ovaj bambus je obična udica, a ova knjižica — Krivični zakon Gruzijske Sovjetske Socijalističke Republike.

13

— U redu, ali kakve veze imaju ovi predmeti s mojoj kućom?

— Kao što je poznato, pomoću udice se lovi riba, a pomoću krivičnog zakona — prekršitelji poretka.

— Slušajte, poručniče, molim vas da prestanete sa zagonetkama! Kažite otvoreno šta vam treba? — u maminom glasu osećala se razdraženost. Ali Kukarača je nastavio da mirno prelistava knjigu. Kad je pronašao mesto koje mu je bilo potrebno, pogledao je u mamu.

— Evo, izvolite, da čujemo šta stoji u ovoj svetoj knjizi... Sednite, mladi čoveče, molim vas! — odjednom se on obratio meni. — Obuzelo me je neprijatno predosećanje, ali sam ipak seo. Kukarača je nastavljao: — O s predumišljajem vršenom upropašćavanju državne imovine, koje se ispoljava u varvarskom uništavanju zelenih oraha, ja zasad neću govoriti. Otpočećemo s lakšim prestupima... Tako... Član 175.... „Nezakonito bavljenje ribolovom i drugim delatnostima...” Tako... Tako... Evo! „Primena eksploziva ili otrovnih materija...” Ponavljam: otrovnih materija... „Kažnjava se lišavanjem slobode do četiri godine...”

Kukarača je zatvorio knjigu i pogledao u mene.

Ja sam sve shvatio i oblio me je hladan znoj. Zato nam je, znači, Kučiko zapovedio da držimo jezik za zubima. A ja, budala, mislio sam zbog ribe! Neka đavo nosi ribu, kome je ona potrebna, ta šugava sitnež! Ispada da je glvano kako se ta riba lovi! „Otrovne materije.”

Pogledao sam mamu. Ona je sedela bleda kao kreč i nije skidala očiju s mene. Nisam izdržao njen pogled i oborio sam glavu.

— Pa šta zapovedate da se čini? — progovorio je Kukarača. — Da konfiskujemo ribu, neće nam uspeti, kako bi se po ustima prekršitelja dalo zaključiti...

Mama je hitro ustala, dohvatila tanjir na kojem je stajala jedna jedina ribica i stavila ga pred Kukaraču.

— Evo, izvolite! Nadam se da do konfiskacije nameštaja neće doći... A orahe ću vam nadoknaditi, očišćenima... A uopšte uzev, nisam znala da se u Sovjetskom Savezu zakonom kažnjava ribolov takvih punogalavaca!

— Ni u kom slučaju, poštovana Aniko! Kažnjava se ribolov upotrebom otrovnih materija ili eksploziva! A udicom, izvolite, lovite do mile volje!

A čime ste vi lovili? — upitala me je mama. Ja sam oćutao.

— Oni su istrebili ribu sokom od zgnječenih zelenih oraha.

Mama je prišla k meni i uhvatila me za podbradak.

— Je li to istina?

Kimnuo sam. Onda me je ona sčepala za uvo i tako ga zavrnula, da sam osetio potrebu da urlam, ali sam se postideo od Kukarače i ćutke podneo kaznu.

— Naravno da je istina! — potvrdio je Kukarača. — Svojim očima sam sve video.

— Kako to? — uvredila se mama. — Videli ste i ćutali? A sad ste izvoleli doći ovamo da nam držite moralnu pridiku?

— Ana Ivanovna, kunem vam se, ja sam tako nešto prvi put video! Zagledao sam se! A potom je već bilo kasno!... Međutim, najgore je što je niz tok reke izginula gomila riblje mlađi. Tako da u čitavoj toj priči ja nisam ništa manje kriv od vašeg sina. Povucite i mene za uvo! — i on je mami okrenuo glavu.

— Čudak! — nasmešila se mama i otišla u kuhinju.

— Pa, jesi li sve razumeo? — obratio se meni Kukarača. — Doneo sam ti udicu. A kad idući put krenete u ribolov, povedite i mene sa sobom. A ako hoćeš, možemo i sami nas dvojica. Crviće ćemo naći odmah tamo kod ograde zoološkog vrta, tamo ih je mnogo. Inače, ova riba bolje grize na muvu. Eto tako!... — on je ustao, sklonio knjigu i pozvao mamu: — Ana Ivanovna, nema smisla da se konfiskuje preostala riba, biće bolje da je pojedem! A ako me uz to počastite još čašicom vina, biće odlično. I tako i tako, ja u ovoj stvari imam ulogu saučesnika!

Mama je odmah iznela bocu s vinom i čašu i pozvala Kukaraču za sto. Sama je sela pored njega.

— A hleba?

— Hvala, ne treba... — Kukarača je dohvatio ribu za rep i čitavu stavio u usta. — Izvanredna riba! — Onda je se-

15

bi u čašu nasuo vina, otpio, prižmurio od zadovoljstva, ustao i izgovorio zdravicu koju sam za ceo život upamtio:
— Draga Ana Ivanovna, kad ste ušli s vinom i osmehnuli se, vi ste tako ličili na moju mamu!... Hvala vam što ste me na majku podsetili!...
— Koliko je tebi godina, Kukarača? — upitala je mama.
— Dvadeset i dve!
— Znači, ja sam od tebe starija svega osam godina, baš si čudak! — rekla je mama i provukla ruku kroz svoju sedu kosu.
— Oprostite mi... — Kukarača je ustao i poljubio maminu ruku, a mama se zacrvenela i zbunjeno se osmehujući izišla iz sobe.

Kukarača je smeteno postojao još trenutak, pa se okrenuo i brzo otišao.

Kukaraču je pozvao načelnik milicije. Pet minuta kasnije poručnik je sedeo za malim stolom u kancelariji Davida Sabašvili.
— Evo, došao sam. O čemu je reč?
— Slušaj, kad ćeš se ti naučiti redu? Šta znači „evo, došao sam"?! Kako je propisano da se raportira rukovodstvu? „Druže majore! Poručnik Tušurašvili javlja se po vašem naređenju!" Jesi li shvatio? — rekao je David i odložio fasciklu.
Kukarača je skočio, ispravio se i stavio ruku na slepoočnicu:
— Druže majore...
— Ma neka, sedi!
Poručnik je seo.
— Čudan si ti čovek — rekao je on uvređeno. — Pred drugima ja ti maltene „generale" kažem... Daj bar da nasamo porazgovaram s tobom ljudski, kao prijatelj s prijateljem.
— Prijateljstvo za prijateljstvo... Kod kuće, na ulici, u restoranu... Izvoli... Ali ovde je, brate, služba!... I onako

16

svakog dana stižu anonimne prijave: Sabošvili se okružio prijateljima i drugovima...

David je zapalio i pružio Kukarači cigaretu.

— Ne pušim!

— Otkad to?

— Od jučeranjeg dana...

— Hoćeš da zdrav umreš? — nasmešio se David i ugasio tek upaljenu cigaretu.

— Ko to podnosi žalbe protiv tebe?

— Pa svakojaka gadež, ko nije lenj i ko zna da piše!

— A što im ne kažeš: „Hoćete li vi, gadovi, da ja u miliciju dovedem i još da naoružam nepoznate, u poslu neproverene ljude?!"

— Lako je tebi da pričaš — odmahnuo je rukom Sabašvili — ni brigâ, ni uznemiravanja... Na, pročitaj... Kolektivna prijava... Valja proveriti... Pozovi devojku... Porazgovaraj s njom...

Kukarača je uzeo prijavu.

„Načelniku Ordžonikidzijevske rejonske milicije g. Tbilisija d. D. Sabašviliju.

Od stanara kuće broj 137 na Kubuletskoj padini.

Kolektivna prijava.

Saopštavamo da naša susetka Inga Laliašvili vodi raspusni način života. Puši. U dva-tri-četiri sata noću iz njene sobe čuje se kucanje čaša, prostačke reči i pesme. Ona je u intimnom odnosu s više puta osuđivanim Murtalom (pravo ime i prezime nije poznato). Nama je, jasno, neprijatno ali u interesu stvari moramo ponoviti prostačke reči i pesme koje se čuju iz tog brloga razvrata. Reči: drolja, mrcina, pozor!, švercer, kuja, uzbuna, baza, đubre, puca (u smislu vatrenog oružja) itd. Pesme: „Hop, stop, Zoja..."

Судья — сволочь, аферист,
Чтоб ты подавился!
За что срок мне припаял?
В чем я провинился?[1]

---

[1] Sudija, hulja, prevarant, / Udavio se! / Za što si mi kaznu prilepio? / Šta sam ja skrivio?

Molimo vas, izbavite, ako ne nas a ono barem našu budućnost (u smislu dece), zaštite nas od razvrata i izopačenosti."

Pod izjavom je bilo osam potpisa, a jedan crvenom olovkom. „Taj je sigurno i pisao!" — pomislio je Kukarača i nasmejao se.

— Šta se kikoćeš?

— Pa tako...

— Ne vidim tu ništa smešno! Ta Inga mi je poznata. Muva se s jednim ološem. Ti ga znaš — Murtalo. Ali nikako nam ne uspeva da ga uhvatimo na delu, prepreden je gad...

— Druže majore, dopustite mi da odem! — ustao je Kukarača.

— Idi... A i ti si mi neka cvećka... — promumlao je Sabašvili i zadubio se u papire.

Inga je bila na dežurstvu. Oko dvanaest noću u apoteku je ušao mlad muškarac srednjeg rasta, lepo građen, lica zemljane boje i drskih, podrugljivih očiju. Od prvog pogleda, Inga je prema nepoznatom osetila antipatiju, ali je, ničim se ne odajući, nastavila da slaže bočice s lekovima.

— Dobro veče, devojko! — rekao je neznanac i oslonio se laktovima na policu pred šalterom za izdavanje gotovih lekova.

— Dobro veče! — odgovorila je Inga, ne podižući glave.

— Možete li za trenutak? — nasmešio se posetilac.

— Izvolite! — Inga je prišla šalteru.

— Jesi li sama?

— Ne. Ovde je rukovodilac. I glavni apotekar — slagala je Inga.

— Pozovi obojicu! — bilo je to rečeno naredbodavnim tonom.

— Ako vam je potreban gotov lek, daću vam ga sama, a ako imate recept, izvolite ostaviti.

— Radi kako ti se kaže!

Inga se preplašila. I otkud se ovaj obreo na moju glavu, pomislila je ona. Da bar neko sad naiđe! Ili se ne možeš odbraniti od mušterija, ili nema žive duše. Ona je pogledala na vrata. Neznanac je pratio njen pogled, prišao vratima i okrenuo kartonsku tablicu koja je visila na njima.

— Eto tako. Apoteka je zatvorena! Gotovo! A sad idi po upravnika i apotekara!

Inga se uputila prema kancelariji. Nepoznati je pošao za njom.

— Kuda ćete?

— Pratim te!

Oni su ušli u kancelariju. Soba je bila prazna.

— Pa gde su oni? — upitao je nepoznati, malo zažmurivši.

Otišli su... Nisam ni primetila... — drhtavim glasom izgovorila je Inga i spustila se na stolicu.

— Baš sjajno! Sad si ti apsolutni gospodar.

— Šta vam je potrebno? Recite napokon! — Ingino čelo se osulo graškama znoja.

— Morfij! — oštro je odgovorio nepoznati.

— Šta pričate? Otkud meni morfij? On je u sefu... Bez upravnika... Dođite sutra... — Inga je s mukom izgovarala reči, jezik je nije slušao.

— Za morfij ne postoji „sutra"! Ili odmah, ili... — Inga je uhvatila mutan pogled nepoznatog i shvatila da pred njom stoji ubica.

— Da telefoniram... Upitaću... — drhtavom rukom podigla je ona telefonsku slušalicu.

Nepoznati je iskoračio i iz džepa izvukao nož. Čulo se kvrcanje a iz drške je, kao zmija, iskliznulo sečivo. Izbezumivši se od straha, Inga je htela da vikne, ali nije stigla: nepoznati joj je dlanom čvrsto zapušio usta.

— Ćuti! I ne boj se! — on je jednim zamahom noža presekao telefonsku žicu. — Pa? Gde je morfij? Požuri devojko!

Inga je, tačno kao u snu, pošla k stolu udno kancelarije, otvorila je fioku, uzela dve ampule s morfijem i pružila ih neznancu. Ovaj se spustio u fotelju, izvukao iz džepa kutijicu sa špricom od dva kubika, lakim pokretom odsekao vrh ampule, napunio špric, onda je zadigao rukav na levoj ruci i stručno uvukao iglu u nabreklu venu... Potom je uredno stavio špric u kutijicu, sklonio kutijicu u džep, zabacio glavu i umirio se.

Devojka je užasnuta posmatrala tu proceduru. Ćutanje je potrajalo nekoliko minuta. Nepoznati se nije micao. Odjedared se u stolici zabatrgao, otvorio oči i prošaptao:

— Došlo je...

Inga je spontano pogledala u vrata, ali tamo nije bilo nikoga.

— Došlo je... Najzad... ponovio je nepoznati i Inga je u njegovim očima primetila neobičnu otuđenost. — Hoćete li da probate? — obratio se neznanac Ingi. Ona nije odgovorila. Kao da ju je strah paralisao. A nepoznati je nastavljao: — Ne možete ni zamisliti šta je to... Hoćete li da vam odrecitujem Gumiljova? Ili Jesenjina? Ili više volite Galaktiona?[1] Niste imali rašta da se plašite... Vredi li se uzbuđivati zbog takve sitnice?...

On je polako ustao, izvadio iz unutrašnjeg džepa svežanj novčanica od po trideset rubalja, stavio ga pred Ingu i uputio se vratima.

— Operacija „morfij" je završena. Možete mirno da spavate. A mene ne smatrajte morfinistom. Priznajem, nekad sam bio morfinist. A onda sam završio s tim. Sad ovako, samo ponekad... Naiđe pokatkad takva mušica u glavu... Uostalom, ja vas znam. Zovete se Inga, živite u Kobuletskoj padini, broj 137... I sad, čujte Inga: od današnjeg dana ko god bi vas uvredio, uvrediće mene, a ko je mene uvredio, leži na groblju... — On se okrenuo i pažljivo zagledao Ingu. — Ne mičite se. Da držite u naručju dojenče, bili biste prava Bogorodica... — I napustio je apoteku.

Murtalo nije Ingi izjavio ljubav, a preko cele godine svakoga dana, i zimi i leti, kurdski dečak Maratik donosio je Ingi kotaricu svežih crvenih ruža. Krajem svakoga mese-

---

[1] *Galaktion Tabidze* (1892—1959), gruzijski narodni pesnik.

ca nepoznati muškarac, bez brkova i brade, isplaćivao joj je po hiljadu rubalja i govorio:

— Kalbatono[1], Murtalo vam šalje svoj dug i izvinjava se zbog zakašnjenja.

I pre no što bi se Inga osvestila, tajanstveni poslanik je nestajao, kao priviđenje.

Onda je Inga počela da zapaža kako joj se momci iz kvarta gde je stanovala, njeni stalni udvarači, kad bi se s njome sreli, smeškaju nekako naročito zbunjeno i iskazuju joj preterano poštovanje.

Inga je postala nekrunisana kraljica kvarta, a Murtalo se nije pojavljivao.

Zajedno s neobjašnjivim strahom, Inga je preživljavala i ponos i mučno iščekivanje. To je iz dana u dan postajalo sve jače i, da bi se oslobodila muke, da bi prekinula tu tešku neizvesnost, devojka je sama počela da traži sastanak s Murtalom.

Otpočela je time što se uputila, u kvartu poznatoj švercerki, Adeliki i sve joj ispričala.

Pedesetogodišnja žena, naborana vrata i ravnih grudi, saslušala je devojku i pri tom, jednu za drugom, popušila nekoliko cigareta. Dugo je kašljala a kad je došla do daha pogledala ju je očima punim suza i upitala:

— Kud si s tim novcem?

— Stoji, do zadnje kopejke.

— Dvanaest hiljada — velik novac...

— Šta da radim?

— Treba ga potrošiti.

— Ne pitam ja to.

— Nego šta?

— Šta dalje da radim, kako da postupim?

— A-a-a... Pravo da ti kažem: u loš si se posao upetljala...

— Pa savetuj mi šta da radim.

— Otkud ja znam? Ti si devojka lepa, jedra... Ali on će te iscediti... I dok je živ, nikom neće dati da se nauživa tvog mirisa...

---

[1] *Kalbatono* — način učtivog obraćanja ženi.

— Kako to? Ako na svetu postoji zakon, ljudi... Na kraju, zatvor!

— Šta je zatvor... Za njega je zatvor što i rodna kuća, sve ostalo za ovakve kao što je on ne postoji!

— I to je tvoj odgovor?

— Da.

— Znači, meni nema spasa?

— Nema, dok te on sam ne napusti.

— I kad će to biti?

— Kad postaneš strašilo kao ovo ja.

— Zar nema drugog izlaza?

— Ima.

— Kakav?

— Neko od vas mora umreti!

— Ma ko? Ko?

— Jedno od vas. To je najbolji izlaz!

— A ako... Ako se tako udesi da... Da ga... uhapse? — obazrivo je pripitala Inga.

— Na osnovu čega? Je li ti on nešto skrivio?

— N... n... nije.

— Pa zašto onda da ga uhapse? Zato što te voli? Kad bi ljude zbog ljubavi hapsili, polovina čovečanstva bi ležala u zatvoru...

— Onda mi udesi sastanak s njim!

— Sačekaj! Doći će on sam.

— Ne mogu da čekam!

— Onda kreni u Nahalovku[1], tamo pronađi Kolu. — Anđelika je ustala dajući time do znanja da je audijencija završena...

...Razgovor s Kolom iz Nahalovke ispao je vrlo kratak.

— Murtalo? Ma kako, kalbatono, Murtalo je čak veoma plemenit mlad čovek!

— Niste razumeli. Gde može da se pronađe?

— Što ne znam, ne znam — raširio je ruke Kola.

— Zbogom! — Inga je ustala.

— Bog vam dao zdravlja!

---

[1] *Nahalovka* — stari naziv jednog rejona u Tbilisiju.

Novu godinu Inga je čekala u društvu svojih kolega, mnogo je pevala, mnogo igrala, mnogo se smejala. Oko tri sata izjutra ona se, raspoložena, vratila kući, poskakujući preko pet stepenica, popela se svojim stepeništem, otvorila vrata sobe, upalila svetlo i... zamrla. Za stolom, postavljenim raznim jelima i bocom šampanjca, sedeo je Murtalo. On nije ustao, nije se pozdravio — samo je ćutke pušio i smeškao se.

Inga nije stigla čak ni strah da oseti, tako ga je brzo smenilo spokojstvo i radost: čovek koga je cele godine tražila, sedeo je sad pred njom i pokorno gledao u nju.

— Napokon si se pojavio? — Inga je sela na ivicu malog otomana i prekrstila ruke na kolenima. Ruke su joj ipak podrhtavale i ona ih je prekrila jastukom.

Murtalo je ćutao.

— Došao si? — ponovila je Inga. U njenom glasu nije bilo ni straha ni antipatije, samo radoznalosti.

Murtalo je kimnuo. Potom je spretno, bez buke otčepio bocu, nasuo sebi i Ingi šampanjca i čestitao Ingi:

— Srećna Nova godina, kraljice Gruzije! Neka te čuva sveta deva Marija!

— Reci, kako si ušao u zatvorenu sobu?

Murtalo je dohvatio čašu i, obišavši sto, pružio je Ingi. Devojka se nije pomakla — ona nije želela da Murtalo vidi kako joj ruke drhte. Onda je on čašu stavio pred nju i vratio se na svoje mesto.

— Kako si ušao ovamo? — upitala je Inga.

— Zaboravila si da zatvoriš vrata — osmehnuo se Murtalo.

— Nemoguće. Sad sam ih sama otvorila!

— Pa, ne znam... Došao sam i rekao: „Sezame, otvori se!", i vrata su se otvorila. Bogami! — Murtalove reči su zvučale iskreno, kao da je sve upravo tako i bilo.

— Sad te iste reči ponovi i odlazi.

Murtalo je oćutao.

— Šta hoćeš od mene?

— Ništa! — mirno je odgovorio Murtalo.

— Ništa! To mi se sviđa! Čoveku kome ja čak ni ime ne znam, čoveku koji mi svakog dana šalje cveće i svakog

23

meseca po hiljadu rubalja, čoveku koji me je odvojio od svih mojih poznanika, koji je moju čast doveo u pitanje, tom čoveku nije od mene ništa potrebno? Reci ko si ti i šta hoćeš?

— Ja od tebe ništa ne molim — tiho je rekao Murtalo.

— Ni meni od tebe nije ništa potrebno!

Inga je ustala, uzela iz ormara hrpu novaca i bacila je na sto. Murtalo nije ni pogledao na novac.

— Ruže mi vrati, ako možeš — rekao je on posle dužeg ćutanja.

— Kako? — začudila se Inga.

— Trista šezdeset i pet kotarica! I sve da budu crvene, ni jedna bela! — rekao je Murtalo i ispraznio čašu.

— Ja ih nisam tražila od tebe. Ruže su uvele. Nema ih. A novac evo! Svih dvanaest hiljada! Nisam ga dirala! Uzmi!

— Novac je mrtva hartija... Ruže su bile žive...

— Ne razumem ja tvoje aluzije. Uzmi novac i odlazi.

— Popij za moje zdravlje, i ja ću otići!

— Kažu da si ti lopov, ubica, morfinist...

— Priča se — složio se Murtalo.

— A ko si?

— Slobodan čovek, radim šta hoću, kako hoću i kad hoću.

— Koliko ti je godina?

— Trideset.

— A zašto te se svi boje?

— Zato što se ja nikoga ne bojim.

— A šta bi ti učinio da sam te onda, u apoteci, odbila? — upitala je Inga.

— Ubio bih te! — odgovorio je Murtalo, ne podižući glavu.

— A sad?

— Sad, ako me isteraš, ubiću sebe...

— A mene?

— Tebe ne.

— Lažeš!

Murtalo je izvukao iz džepa nagan, stavio ga na sto. Inga se preplašila.

— Pretiš?

— Ne, tobom se kunem! Ako hoćeš, ubij me!

— Ti znaš da ja nisam u stanju da to uradim, pa se zato i junačiš.

— Ubij! Tebi se zbog toga ništa neće desiti. Možda će te čak i nagraditi!

— Mnogo uobražavaš!

— Naprotiv!

— U redu! A sad odlazi! Ostavi me!

— Pre ću umreti nego što ću te ostaviti.

Murtalo je opet napunio svoju čašu.

— Vikaću! — zapretila je Inga, mada je vrlo dobro znala da ni usta neće otvoriti. — Vikaću, susedi će dotrčati!

— Koliko ih imaš?

— Dvadesetoro! — slagala je devojka.

— Znači, odavde će izneti dvadeset leševa! — Murtalo je otpio šampanjca.

— Koliko ljudi si ubio? — zadrhtao je Ingin glas.

— Nisam brojao. Onoliko koliko je zaslužilo smrt...

— Meni ne leži tvoja filozofija. Velim ti: idi odavde!

— Ne trudi se, Inga... Nisam ja tebe na kartama dobio... Ti si za mene dar od boga!

— Sutra ću prijaviti miliciji!

— Ala si me preplašila! — nasmejao se Murtalo.

— Zar se ti odista ničega ne bojiš?

— Bojao sam se jedne stvari: da umrem bez ljubavi... Sad se toga ne bojim... Sad sam najsrećniji čovek i svejedno mi je kad ću umreti, danas ili sutra... — Murtalo nije stigao da dovrši rečenicu, a Inga je jako zamahnula rukom i opalila mu zvonki šamar.

— Da si se ovog trenutka izgubio! Nemoj me sramotiti! Oko mene ljudi žive!

Murtalo se nije pomerio s mesta, samo je prebledeo.

— Ljudi? Ljudi su gomila. Sutra će pred tobom na kolenima klečati, prozvaće te Marijom Magdalenom, sveticom...

Je li joj se on to rugao ili šta? Razbesnela, Inga je udarila Murtala šakom u lice. Udarila je jako. Murtalova krv je obojila stolnjak. Kad je spazila krv, devojka je zadrhtala, potrčala je u kuhinju, nakvasila peškir i brzo se vratila. Murtalo je još uvek sedeo za stolom, a krv je kao i pre kapala na stolnjak. Inga je pritisla peškir na Murtalovo lice, a Murtalove usne su se pripile uz devojčinu ruku i ona, i sama se čudeći tome, nije ruku odmakla.

U Inginoj sobi je do zore gorela svetlost. A ujutro, kad se devojka, koja se u svečanoj haljini bila šćućurila na otomanu, probudila, soba je bila prazna. I osim mrlje na stolnjaku, ništa nije podsećalo na neobičnog noćnog gosta...

Dve sobe u podrumu kuće teta-Marte zauzimao je Mojsej Šaptošvili. Tu je živela njegova porodica: žena Rebeka i četrnaestogodišnji sin, riđi pegavi Isak. Tu je bila uređena i bojadžinica.

Obračune s poručiocima obavljao je Mojsej, a proizvodnu delatnost bojadžinice organizovali su Rebeka i Isak.

Rad u bojadžinici je izvanredno napredovao. Poslovi su se odlično odvijali, i svi su bili zadovoljni. Kad bi Rebeka noćnu proizvodnju ujutru vešala na sunce — bile su to raznobojne košulje, marame, povezače, pregače, čarape, čarapice, dečja odeća, peškiri — i kad je sve to počelo da se veje na vetru, dvorište teta-Marte pretvaralo se u praznično udešen jedrenjak koji juri po morskim talasima. Vlasnik, kapetan i kormilar tog jedrenjaka bio je Mojsej Šaptošvili. Na jedrenjaku su služili i mornari. I kapetan im je uredno plaćao... bombonama. Plaćao im je da oni na šarenim jedrima ne bi šarali razne reči i crteže.Razume se, vi pogađate da smo ti mornari bili mi, deca kvarta...

Da, izgledalo je da je život Mojseja Šaptošvilija srećan: žena i sin su lako savladavali poslove, a proizvodnja je radila kao sat. Ali u leto, kad je Isak, pošto je tri godine odsedeo u četvrtom razredu, najzad zakoračio u peti, u radu tog časovnika došlo je do zastoja, i u njegov melodičan zvuk potkrali su se alarmantni tonovi.

Neki grešnik (ili grešnica) javio je Rebeki da njen muž Mojsej već odavno vodi ljubav s nekakvom Angelinom iz svanetskoga kvarta, da polovinu svojih prihoda odnosi njoj i da se Angelina šepuri u astraganskoj bundi, dok ona, Rebeka, ide u kaputu od prevrnute čohe.

Rebeka je pokorno progutala pilulu. Ali jednog jutra, kad se naš kvart probudio, bio je zapanjen: košulje, marame, povezače, pregače, čarape, čarapice, dečja odeća i drugi predmeti za domaću upotrebu koji su visili u dvorištu teta-Marte bili su obojeni u crnu boju! Na brodiću Mojseja Šaptošvilija vijorila su se crna jedra!

Kad se vratio iz grada, Mojsej nije mogao da veruje svojim očima. Približio se neobičnoj galanteriji, opipao košulje, pogledao u pocrnele dlanove, pa je pozvao nas.

— Tamaz, dragi, koje boje je ova košulja?

— Crne, čika Mojsej!

— Gizik, hošeš li sladoleda? Reci mi samo istinu!

— Crne! Bogami, crne!

— Dudu, oni sa mnom teraju šegu, zar ne? — Mojsej je hteo da se za slamčicu uhvati.

— Da nisi, čika Mojsej, popio slučajno?

— Brodzeli, reci makar ti istinu: koje je boje moja manufaktura?

— Ma šta, čika Mojsej, jesi li ti oslepeo?

— Rebeka-a-a! — zaurlao je onda Mojsej i počeo da se udara po glavi. — Ubico, zlotvorko! Isa-a-ak! Oceubico-o-o! Prokleti Iskariote! Uh, gadovi-i-i!

Podrum je ćutao.

Mojsej se sjurio niz stepenice i počeo da lupa u vrata, iznutra zaključana.

— Izlazite, irodi! Pokažite se krvopije! Gasom ću vas posuti, sve ću đavolu zapaliti!

Napokon je Mojsej savladao otpor hrastovih vrata i istog trena je u podrumu nastupio pakao, gori od Danteovog — krici, jauci, stenjanje... Dvorište se napunilo narodom, ali se nije našlo dobrovoljaca koji bi se umešali u ovaj prljavi posao.

— Pozovite Kukaraču! — dosetio se neko.

Pet minuta kasnije poručnik je provalio u podrum. A minut kasnije čuo se očajnički vapaj Mojseja:

27

— Predajem se, predajem, predajem!

I sve se umirilo.

Onda je iz podruma izišao Kukarača, vodeći Mojseja pod ruku. Kapetan jedrenjaka držao je u jednoj ruci stisnut čuperak vatrenocrvene kose Isakove, a u drugoj polovinu modrikastocrne frizure Rebekine.

Kukarača je odveo Mojseja u miliciju, a ubrzo zatim iz podruma su izmileli iznureni kapetanovi ukućani — oni su bez reči pokupili crna jedra i, bez reči, povukli se u kuću.

Uveče se Mojsej u pratnji Kukarače vratio kući. Bio je tiši od vode, niži od trave. Njih dvojica su se spustili u podrum. Šta se tamo dešavalo, kakvi pregovori su se vodili, nije poznato. Samo se iz podruma ubrzo čula pesma. I sve do jutra se kahetinski „mravalžamier" smenjivao tbiliskim „bajati", mengrelska „arira" gurijskim „krimančuli"...[1]

— Taj Kukarača kao da ima čarobni štapić! Neshvatljivo! — rekla je začuđeno mama i zatvorila prozor prema balkonu.

Ali jao, epopeja s crnim jedrima nije se završila na ovome. Od te nezaboravne večeri Mojsej je dvorište teta-Marte pretvorio u cirkusku arenu i gotovo svakog večera je tu priređivao predstave.

Kući bi se vraćao totalno pijan. Vukući noge, spuštao bi se u svoj podrum i nakon pet minuta bi predstava otpočinjala.

— Znači, Angelinu si vukla za kosu, je li?... Polila si, znači, njenu bundu sumpornom kiselinom, je li?

Ili:

— Znači, ti veliš: Angelina nije bolničarka nego prostitutka, je li?... Bolesnicima, veliš, u postelju se uvlači, da?... a ti? Ko si ti? A? Odgovaraj, strvino!...

A kao odgovor čule su se molbe i naricanje Rebeke na kolenima:

---

[1] *Kahetinski, mengrelski, gurijski* — po istoimenim pokrajinama u Gruziji.

— Ne treba, Mose-džan, ne treba tako! Evo ti nož! Zakolji me! Ubij!

— Tatice, ne diraj mamu. Ne diraj mamu! Ne diraj, velim, jer!... — pretio je Isak, sakrivajući se iza materinih leđa.

Onda bi se pojavljivao Kukarača, i Mojsej bi se odmah pretvarao u jagnješce.

Jedne nedelje Mojsejev bes prešao je sve granice. Mojsej je izvukao Rebeku nasred dvorišta, svukao joj haljine i počeo da je mlati.

— Iscepala, si, znači, Angelini bluzu, je li? Skinula si je, na uveseljavanje muškarcima celog kvarta, je li? Evo ti! Evo ti! Evo ti! Još jedanput!...

Isak je trčkarao oko oca i pištao:

— Ne diraj mamu, inače!... Ne diraj, inače!...

Mojsej se za trenutak okrenuo i svoga potomka tako lupio nogom da je ovaj odleteo dva metra daleko i zario glavu u zemlju...

— Dobri ljudi, jeste li vi zveri, zar u vama nema boga?! Pomozite! Pozovite Kukaraču! — zavijala je Rebeka. I kao da odgovara na njen poziv, u dvorištu se pojavio Kukarača.

Ali tu se desilo čudo — Mojsej se nije pokorio poručniku.

— Ne prilazi! Ubiću! — viknuo je on i premestio u ruci kaiš s teškom metalnom kopčom.

— Baci kaiš! — naredio je Kukarača.

— Velim ti, ne prilazi! — ponovo je Mojsej i preteći zamahnuo kaišem. Kopča je zviždala pored same poručnikove slepoočnice.

Kukarača je odstupio.

— Sažali se na moju dušu! Ubiću te ako priđeš! — upozorio je Mojsej i nastavio da maše kaišem.

Kukarača se oprezno primakao Mojseju, ali nije uspeo da izbegne udarac. Teška kopča rasekla mu je jagodičnu kost. Žene su zavrištale. Kukarača je zaškrgutao zubima. A Mojsej, kad je video na poručnikovom licu krv, kao da je poludeo, zamahnuo je još jedared, i kopča je opet pogodila

Kukaraču pravo u lice. Sve što se nakon toga desilo nije moguće opisati, jer nije moglo da se prati — Kukarača je munjevito brzo delovao. Dohvatio je Mojseja, oborio ga i zadao mu jedan jedini udarac u vilicu. Mojsej je pao kraj Rebekinih nogu i tako ostao da leži, ne pokazujući znake života.

Kukarača je kleknuo pored oborenog Mojseja, opipao mu vilicu, stavio uvo na njegova prsa, a onda mu je raskopčao okovratnik i zatražio vode. Ali tu je Rebeka dohvatila debelu sohu kojom se podupire rublje i koja se valjala u dvorištu i iz sve snage udarila njome poručnika po glavi. Kukarača se zaljuljao.

— Jesi li ga ubio? Ubio hranitelja! Hoćeš li ti sada hraniti nesrećno siroče? Umri, ubico! — Rebeka je zamahnula i drugi put, ali joj je Kukarača oduzeo štap i podalje ga odbacio.

— Tako mi i treba! — izgovorio je, brišući maramicom okrvavljeno lice.

— Usmrtio si moga Mojseja?! Ubio hranioca?! — Rebeka se s kamenom u ruci iznova ustremila na Kukaraču.

— Ta urazumite je! — povikao je Kukarača, istržući Rebeki kamen.

Onda je dohvatio čabar koji je neko doneo i sasuo na Mojseja vodu. Ovaj je zaječao, otvorio oči i pridigao glavu.

— Na, primi svoga dragog, i neka ti je sa srećom! — rekao je Kukarača Rebeki, odbacio prazni čabar na zemlju i izišao iz dvorišta.

Rebeka i Isak su potrčali Mojseju. Ona je zavapila:

— Probudio se! Osvestio se, mili naš, hranitelj naš, naša nada, radost naša!... Neka se osuši svaka ruka koja bi te udarila! Neka zanemi jezik koji bi te prokleo!... Imaj ti hiljadu ljubavnica, sunašce naše, samo nas nemoj lišiti svoga anđeoskog glasa!... Reci nam bar jednu reč, radosti naša!... jednu reč samo!...

Mojsej bi voleo da odgovori svojoj čeljadi, ali nije mogao. Ako Kukarača udara, onda udara...

Kukarača je sedeo u kancelariji Sabašvilija i stavljao maramicu na lice.

— Slušaj, Tušurašvili, koliko sam ti puta govorio: prestani sa svojim inicijativama! — odmahnuo je glavom načelnik milicije.

— O kakvoj to inicijativi pričaš! — namrštio se Kukarača. — Sami su me molili da ih spasem! Taj tikvan Mojsej je namrtvo isprebijao Rebeku!

— Ne zna se ko je koga isprebijao... — nasmešio se Sabašvili, pogledujući na oteklo poručnikovo lice.

— Ko je mogao i pomisliti da ću se ja naći u ulozi postradalog? — Kukarača je pojmio da ustane, ali osetivši bol u krstima, ostao je da sedi.

Sabašvili je pritisnuo zvonce. Ušla je mlada sekretarica.

— Izvolite.

— Molim te, donesi ovom lepotanu svoje ogledalce!

Devojka je brzo stavila ruku na usta i izišla.

— Rugaš se? — promrmljao je Kukarača.

— Ne. Hteo bih da se s tobom posavetujem o jednom pitanju. Potrebna je tvoja saglasnost. — I Sabašvili je uzeo nešto da piše.

Sekretarica je unela ogledalce. Kukarača se oglednuo.

— Pa šta? Jesi li lep? — pripitao je Sabašvili.

— Ne mari. Ali i on je dobio! — ljutito je odgovorio Kukarača.

— I šta misliš, kad će zarasti?

Kukarača je slegnuo ramenima.

— Pa ipak?

— Pa, za dve sedmice, sigurno... Kopča je metalna...

— A ne bi li bilo dovoljno deset dana? — ponovo je upitao Sabašvili.

— Ne. Minimum petnaest! — odgovorio je Kukarača.

— Razmisli dobro! — Sabašvili je nastavio da piše.

— Šta si navalio? Valjda ja bolje znam! — uvredio se Kukarača.

— U redu, ako je petnaest, neka bude petnaest, neka bude po tvome. Odsedećeš tih petnaest dana u zatvoru!

— A zašto? — skočio je Kukarača, zaboravivši na bol u krstima.

— Deset — da se dovede u red tvoja pretučena njuš-ka, a pet — za huliganstvo.

— Znači, na svetu nema pravde?!

— U ime pravde ćeš i odležati petnaest dana! Na, uzmi — Sabašvili je poručniku pružio list papira — daj sekretarici, neka odmah otkuca, to je naređenje o tvom hapšenju.

Kukarača se uputio k vratima.

— Čekaj! Daj oružje. Neka poleži kod mene u sefu.

— Eh, Mojsej, da se ja pitam!... Kukarača je izvadio iz unutrašnjeg džepa pištolj i stavio ga pred Sabašvilija.

— Ne brecaj se! Petnaest dana će brzo proći... O lekovima i hrani ću se ja lično pobrinuti — obećao je David.

Poručnik je otišao. I za petnaest dana kvart je ostao bez svoga inspektora...

A Mojsej? Mojsej je s metalnim kopčama na vilici odlešao mesec dana u Mihajlovskoj bolnici i čitav taj mesec ga je, triput dnevno, iz srebrne kašike, hranila pirinčanom kašom njegova najdraža supruga.

Pošto je izišao iz bolnice, Mojsej se više nije vratio u stari stan. Nije više bilo bojadžinice, pa tako ni cirkuskih predstava s učešćem Mojseja i njegove čeljadi. I nama ništa drugo nije preostajalo nego da se zadovoljimo magarećim trkama...

Sjurili smo se stazicom i nakon pet minuta bili na obali Mtkvari.[1]

U Tbilisiju je bila paklena vrućina. Nad vodom se lelujala vlažna izmaglica.

Brzo smo se skinuli i skočili u vodu. Kučiko, najstariji među nama, odlično je plivao. Dudu, Irača i ja nismo zaostajali za njim. Samo se Kosta-Grk, koji je nedavno naučio da pliva, smešno u vodi koprcao, podižući oko sebe vodoskoke.

— Je li, kako plivam? — pitao je on.

---

[1] *Mtkvari* — gruzijsko ime reke Kure.

32

— Pri jutarnjem umivanju stavljaj pojas za spasavanje, inače ćeš potonuti! — savetovao mu je Dudu.

— Hej, idemo na drugu obalu! Ko može, za mnom! — viknuo je Kučiko i zaplivao.

Posle dugotrajne suše nivo vode u reci Mtkvari bio je znatno niži nego obično, pa smo zato hrabro pošli za Kučikom. Kad sam bio na sredini reke, okrenuo sam se i video Kostu-Grka: zarivši glavu u vodu, on je rukama i nogama tako žestoko udarao kao da se odjedanput tukao s desetoricom protivnika. Pomislio sam da ću ga prekorima samo preplašiti, pa sam mu dobro doviknuo:

— Ded, Kosta, navali! Ja sam tu!

Kosta je popridigao glavu i tog trenutka je nestao pod vodom. Stigao sam da uhvatim njegov molećivi pogled, video njegovo od straha iskrivljeno lice i shvatio da on tone.

— He-e-ej, deco, u po-mo-o-ć! — zaurlao sam. — Kosta to-o-o-ne!

— Gde-e-e? — odmah se odazvao Kučiko i okrenuo nazad, ali Kosta se više nije video. — Ronite! — viknuo je Kučiko i sam zaronio.

Kosta je nestao. Nas je nosila struja i već smo doplivali do mesta gde je voda plića i gde smo mogli da stojimo. I odjedared smo, na deset koraka od nas, spazili Kostu. Njegova glava se za trenutak pojavila iz vode i ponovo sakrila.

— Evo ga! U po-o-omoć!

— Drž'te se! — čuli smo nečiji zvonak glas i spazili čoveka koji se probijao do nas. On je prvi sustigao Kostu, šćepao ga, pritisnuo uz grudi, pao, na trenutak nestao pod vodom zajedno sa svojim bremenom, ali se odmah podigao, dohvatio Kostu i polako, korak po korak, počeo da se približava obali.

— Kukarača! — oteo nam se izbezumljeni krik. — Kukarača, pomozi!

— Pomozite vi meni, protuve! Pa ja ne znam da plivam!

Međutim, više mu nije pretila opasnost. Za nekoliko trenutaka mi smo srećno doprli do obale. Kukarača je, radeći bez predaha, podigao Kostu za noge i držao ga glavom naniže sve dok iz njega nije istresao vedro vode. Potom je zlosrećnog plivača polegao na šljunak a sam seo kraj njega. Mi smo se smestili uokolo.

Prošao je minut, drugi, treći... Kosta je zaječao, pokrenuo se i otvorio oči.

— Jesi li se, junače, osvestio? Pa, kako si? — upitao je Kukarača.

Prepoznavši poručnika, Kosta je zažmurio od straha i još glasnije zaječao.

— To sam ja! Pogledaj-de još jedanput! — Kukarača je prstom podigao Kostin kapak. — Poznaješ?

Kosta je ćutao. Kukarača se digao, skinuo opasač, otkopčao okovratnik. Svi mi smo kao po komandi stali da se oblačimo.

— Ostav! — naredio je Kukarača. Mi smo se bez pogovora pokorili. On je našu odeću sakupio na gomilu. — Postroj se!

— Kukarača, daj bar gaćice! — zacičao je Kučiko.

— Kome ja govorim?

— Pokrivajući se rukama, stali smo u stroj: Kučiko, za njim Irača, Dudu, pa ja. Kosta-Grk je još uvek ležao na travi. Da bi ga sačuvao od sunčanice, Kukarača mu je prebacio preko glave nečiju košulju. Onda je seo na veliki oblutak i ošinuo nas kritičkim pogledom.

— Ko je od vas najautoritativniji magarac, neka iziđe! — naredio je on.

Svaki od nas vrlo dobro je shvatio na koga se odnosi ova laskava karakteristika, a najbolje Kučiko. Za svaki slučaj, on je ipak pogledao ispod oka — neće li se naći neko ko bi poželeo da bude autoritet, ali se takav nije našao i Kučiko se neodlučno približio Kukarači.

— Opusti ruke!

Kučiko se zbunio ali nije smeo da ne posluša.

— Deder, pomozi mi da skinem čizme!

Kučiko, koji je očekivao grdnje, a možda i nešto gore, strmoglavo se bacio da ispuni poručnikovo naređenje i počeo tako usrdno da skida čizmu, da se zajedno s njom prevrnuo. Skočivši na noge, odmah se dohvatio druge čizme.

— Lakše, medvede, nogu ćeš mi otkinuti! — nasmejao se Kukarača. Mi smo s olakšanjem odahnuli: prošlo je! Kukarača je skinuo bluzu, izvukao iz džepa tri zalepljene novčanice od po tri rublje, pažljivo odelio jednu od druge, razmestio ih po kamenju i pritisnuo kamenčićima. Onda je iz drugog džepa izvukao mokar dokumenat, raširio ga, tužno mahnuo glavom, stavio pored novčanica i promrmljao za sebe:

— I snađi se sad, ko si ti zapravo: Tušurašvili ili Čiburdanidze! — Onda je viknuo na nas: — Šta ste zinuli? Ocedite bluzu! I ovo! — nama je dobacio pantalone, a sam je uzeo da cedi majicu..

Bili smo orni da cedimo odeću sveg stanovništva Tbilisija, samo da odobrovoljimo poručnika.

— Pažljivo! Pocepaćete, samo mi još to treba! Ili mislite da će mi dati novu uniformu?

Onda je Kukarača iz futrole izvukao nagan i razastro metke po kamenju. Nama je zastao dah. Meci! Pravi! Za ceo život sam upamtio — bilo ih je sedam komada, podugačkih, s tupim vrhovima, a iz svakoga je preteći gledala smrt.

Kukarača je dunuo u nagan, stavio ga pored metaka i okrenuo se Kosti.

— Pa kako je? Lakše?

— Dobro! — odgovorio je Kosta i popridigao se.

— Lezi još! A vi — Kukarača se obratio nama — postrojte se!

Smatrajući da je „incident" završen, mi smo rado stali u stroj.

Kukarača je na istočnjački način podavio noge poda se, oslonivši se rukama o kolena, i prižmurivši malo, netremice nas gledao.

— E pa, junaci, ko je od vas prvi smislio da se kupate u Mtkvari?

Naravno, niko među nama nije bio u stanju da izdaje, ali smo svi nehotice pogledali Kučika.

— Znači, ti?

Raskrinkani Kučiko je oborio glavu.

— Tako... Znači, rečica Vere vam nije više dovoljna? Danas ste poželeli Mtkvari, sutra ćete zatražiti Crno more, prekosutra Dardanele, zatim Bosfor, onda Sredozemno more... potom... kako se onaj moreuz zove?

— Gibraltar... — promucao sam ja.

— Gibraltar. A onda Atlantski okean. Je li tako?

— Može se i u Indijski okean kroz Suecki kanal — dodao je Irača još jednu varijantu.

— Zaveži, ponavljaču nesrećni! — obrecnuo se Kukarača na njega. — Baš si mi ti Magelan!... Priđi k meni! — naredio je on Kučiku i ustao.

Kučiko je prišao Kukarači. Ostalo se odvijalo tako neočekivano i munjevito, da se Kučiko nije mogao pribrati: Kukarača mu je opalio zvonak šamar.

— Što me biješ? Jesi li mi ti otac? — zajaukao je Kučiko.

— Pričam ti priču!

— Pa šta, zar se stvarno više ni kupati ne možemo? I zar je Vere reka? Svu sam kožu na kolenima odrao!

Kukarača je prečuo Kučikov protest.

— Sledeći!

Irača se koristio očiglednim primerom i, čim se približio Kukarači, odmah je rukom prekrio levi obraz. A Kukarača ga je odmah ošamario levom rukom. Irača se dvaput okrenuo oko svoje osovine, ali mu je ostalo toliko pameti da se bez reči vrati na svoje mesto.

— Hoćeš li sve da biješ? — tiho je pripitao Dudu.

— Nego? Neću valjda nepravedno postupiti?

Dudu je, i ne očekujući naređenje, izišao.

— Kad si već tako disciplinovan, ograničiću se na manju kaznu! — Kukarača je dohvatio uvo pokornoga prestupnika i tako ga zavrnuo, da bih ja više voleo dva šamara.

Došao je red na mene. Kukarača mi je sam prišao.

— Zna li ti majka gde si?

— Ne.

— Onda ti evo!

Zaljuljao sam se, ali sam se održao na nogama.

— Boli? — upitao je Kukarača.

— Boli — priznao sam ja — udari opet, samo nemoj reći mami...

Kukarača me je podsmešljivo pogledao. Onda je krenuo Kosti. Ovaj je sklopio oči i zamro.

— A ti, budalo! Kud si se trpao kad ne umeš da plivaš? A? Recimo da sam se ja utopio... Zbog tebe, čuješ li? U redu, đavo neka nosi mene... Ali da si se ti utopio? Jesi li pomislio na to? Šta bismo mi rekli tvojim roditeljima? Čime bismo ih utešili? — Kukarača je prebledeo, glas mu se prekinuo. On je seo i bacio nam odeću. Mi smo zgrabili svoje prnje i krenuli da bežimo. — A njega? Kome to ostavljate ovu podmornicu? — Kukarača je munuo Kostu šakom u kuk. — Nosite ga i predajte roditeljima u ruke. Ali hajde, življe, dok ga ja nisam utopio!

Kosta se obukao brže od svih nas.

— A vi nećete? — učtivo je upitao Kučiko.

Kukarača je značajno pogledao na svoju mokru opremu i Kučiko se, shvativši da je izvalio glupost, brzo okrenuo i pošao. Mi smo krenuli za njim kao pilići za kvočkom. I odjednom smo začuli Kukaračin glas:

— Deco, a vi se ne vređajte... Služba je služba... I još... Imam jednu molbu... Malu molbu... — Mi smo se pogledali u nedoumici: molba nama? Od Kukarače? A on je nastavljao: — Ne pričajte nikome da ja... Da ja ne znam da plivam. U redu?

Mi smo se uspentrali po kosi i počeli da se penjemo uz Varazishevsku padinu.

Tome da sam ja, sin tako stroge i uvažene majke, pušio, nije se trebalo čuditi. U našem kvartu, krišom od roditelja, pušili su gotovo svi moji vršnjaci. Neobična je bila činjenica da nas je pušenju naučila Caca Baramija, seoska devojčica, moja vršnjakinja, koja je, u svojstvu kućne pomoćnice, živela kod svojih rođaka. A devojčicu je tom vrlo korisnom zanimanju naučio njen deda, koji ju je obožavao — Ivan Pirchalava iz Nosirija. [1] Svaki put kad bi se, pod

---
[1] *Nosiri* — selo u zapadnoj Gruziji.

stablom oraha, onemoćalom starcu gasila lula, on bi zvao svoju voljenu unuku:

— Caca, o Caca!

— *Pateni!*[1]

— *Kumomigi, dzgabi, dačhiri!*[2]

Caca je donosila vatru, ali se lula ponovo gasila.Tada bi deda lulu davao unuci: pođi, mila, sama zapali. I devojčica bi palila lulu. I tako je sirota Caca naučila da puši i ispalo je da je nas, dečake, mangupe i nevaljalce, pušenju naučila najskromnija i najbolja devojčica Caca Baramija.

Odnos društva prema deci-pušačima bio je tih godina otprilike isti kakav je danas prema narkomanima. Onda možete zamisliti u kakvom smo se položaju našli Dudu, Irača, Kosta-Grk, Kučiko i ja, kad nas je, pošto smo se napušili do ošamućenosti, pored ograde teta-Marte zatekao Kukarača.

Ne znam kako su se osećala druga deca, ali za mene se tog trenutka zamračilo sunce, rastvorila zemlja, nestao vazduh. Šaku sa stegnutom cigaretom zario sam-u zemlju, dim sam progutao zajedno s pljuvačkom i, teško dišući, zagledao se u od zaprepašćenja onemelog poručnika. Prošao je jedan minut koji se meni činio kao cela večnost. Najzad se Kukarači vratio glas:

— Šta... šta to radite?... Uništavate se? Hoćete li da vam istrunu pluća i da vam se mozak isuši! Kopate sebi grob? Odlučili ste da pre vremena umrete! Recite mi! Evo — iz džepa je izvadio nagan — zašto da se osuđujete na polaganu smrt? Jedan-dva, i gotovo!... Šta sad da radim? Da vas sve poubijam ili da sami pucate u sebe?

Kao da nas je grom pogodio, promatrali smo Kukaraču, u strahu da se ne pomerimo, da ne izgovorimo reč. Očekivali smo buru, uragan, potop. Ali ništa slično tome nije se desilo. Kukarača je sklonio nagan, okrenuo se i pošao...

---

[1] Slušam!

[2] Devojčice, donesi vatre!

Te večeri je u našem predsoblju deset puta zazvonilo zvonce, i isto toliko puta je meni zastajalo srce. Najzad, kad sam već pomislio da danas oluje više neće biti, začulo se jedanaesto zvono, i ja sam shvatio da je to Kukarača.

Nisam mogao ni da se pomaknem sa stolice. Vrata je otvorila mama.

— Dobro veče, Ana Ivanovna.

— O, Kukarača! Molim, izvoli. Uđi, sedi!

Osetio sam da će oluja sad otpočeti i ustao sam ne bih li neprimetno nestao iz sobe, kuće, grada, života uopšte.

— Sedi! — rekla je mama. — Ti si sigurno poslom — obratila se ona Kukarači koji je u rukama držao debelu knjigu.

Poručnik je pogledao u mene.

— Šta, je li opet otrovao reku? — upitala je mama.

Kukarača je oborio pogled.

— Opljačkao banku?

Kukarača je oćutao.

— Ubio čoveka? — u maminom glasu se osetila razdraženost.

Kukarača je shvatio da je nastupio kritički trenutak i stavio je knjigu na sto.

— Šta je ovo?

— To je, Ana Ivanovna, Velika sovjetska enciklopedija. Ako dopustite, ja bih vas upoznao s jednim njenim člankom.

— Zašto si se opterećivao? Mi imamo brdo enciklopedija — mama je pokazala policu nabijenu knjigama.

— M-da... Nisam se setio — nasmešio se Kukarača.

Mama je sela i pripremila se da sluša. Kukarača se zakašljao u šaku.

— Pa, čekamo. Pouči nas! — obodrila ga je mama.

— Nikotin! — počeo je Kukarača i napravio pauzu. U jednom trenutku sreli su se mamin i moj pogled i meni se učinilo da su moje oči probole usijane igle. Oborio sam glavu i zažmurio. Do mene je kao kroz san dopirao Kukaračin glas: — Nikotin... Francuska reč *nicotine*, po imenu francuskog diplomate Ž. Nikoa, koji je, 1560. godine, prvi uneo duvan u Francusku... Pri pušenju duvana, nikotin sa dimom prodire u disajne puteve i udisanjem deluje na nervni sistem... Nikotin deluje u dve faze: u malim dozama nadražujuće, u velikim — vrlo teško, što dovodi do zastoja u disanju i do prestanka rada srca. Nikotin je jedan od najotrovnijih alkaloida: nekoliko kapljica nikotina može da izazove smrt...

Kukarača je zaćutao.

— I šta? — nakon dužeg ćutanja upitala je mama.

— Šta više? O troškovima sahrane ovde nema ništa — našalio se Kukarača.

— Ja ne mislim na to. Šta si ti uradio kad si ga zatekao da puši?

— Ja?... A šta sam ja mogao da uradim? — zbunio se Kukarača. — Evo, k vama sam došao...

— Je li bio on sam?

— Kod drugih sam već bio. I čak sam uzeo izjave.

— Kakve izjave?

— Evo, izvolite...

Kukarača je izvadio iz džepa načetvoro presavijene listove i jedan od njih raširio.

„Ja, Dudu Dobordžiginidze dajem pionirsku reč da nikad u životu ne samo što neću pušiti nego čak neću ni pogledati cigarete. Kunem se mamom, tatom i svima."

Kukarača je cedulju savio i sklonio.

— Ostalo je samo da uzmete izjavu i od nas, i borba s nikotinom biće završena, je li tako? — upitala je mama, ne skrivajući ironiju. Onda je ustala i pošla prema meni. Ja se nisam ni pomakao s mesta — gore od ovoga što se desilo ništa nije moglo da se desi. Mama mi je opalila takav šamar prema kojem je Kukaračin na obali Mtkvari ličio na dečje milovanje.

— Šta to radite? — Kukarača je uhvatio mamu za ruku.

— Pusti. Ja znam šta radim! — mama je pokušala da odstrani Kukaraču.

— Šta to vi, Ana Ivanovna, kako možete! Kad bi pomagali šamari, ja bih sam...

— Ko je to?... Ko me je upropastio? — muklo je upitala mama.

— Ko? Vi sami, Ana Ivanovna! — mirno je rekao Kukarača.

— Šta?!

— Utvrđeno je da, po pravilu, počinju da puše deca roditelja-pušača — opet je mirno izgovorio Kukarača.

— Znači, prevaspitavati treba mene? Je li tako? Da napišem izjavu: „Ja, Ana Ivanovna Gurieli, dajem svoju pionirsku reč..."

— Zašto tako, Ana Ivanovna? — prekinuo je uvređeni Kukarača mamu — enciklopediju nisam ja sastavljao i duvan u Gruziju nisam ja uvezao... Oprostite...

Mama se zacrvenela i okrenuvši se naglo izišla iz sobe. Ne znam je li se naljutila ili postidela. Mami se retko dešavalo da se postidi. Kukarača je shvatio da je vreme da ode, uzeo je enciklopediju pod mišku i uputio se vratima. Tu se zaustavio, pogledao me i na licu mu se videlo sažaljenje. Ja sam ga preduhitrio:

— Kukarača, ti si špijun, špijun! Bedni Milton! Mrzim te!

Kao da mi je grdan teret pao s ramena — izgovorio sam Kukarači sve što sam tog trenutka mislio o njemu.

Video sam kako je crnpurasto Kukaračino lice odjedanput pobledelo.

Prodavnica voća i povrća Borčalinskog kolhoza „Maharadze" stajala je na kraju Ulice Varazishevi, pored naše kuće. Sav personal prodavnice sastojao se od dvojice Azerbejdžanaca — Alije i Ibrahima.

— Ti, decko, jako oceš tebe pobiti, da? — bez ljutnje su nam oni govorili kad bi nas uhvatili pri pokušaju krađe suncokretovih semenki ili suvih šljiva sa police.

Prodavnica je trgovala svim što se proizvodilo u kolhozu, počev od grožđa i vina pa do lubenica, a pokatkad čak i mesa, pa mama gotovo nije morala da odlazi na pijacu.

Stariji, Ali, bio je otprilike istih godina kao i moj otac, a mlađi, Ibrahim, imao je oko sedamnaest-osamnaest godi-

41

na. On je bio malo zrikav i kad bi Ali bio loše raspoložen, zvao bi ga „zrikavi kučkin sin".

Sad mi je teško da se orijentišem u cenama iz onog vremena, ali odlično pamtim: za jednu rublju, Ali bi mi davao toliko povrća koliko nije moglo stati na naš kuhinjski sto. I još bi rekao:

— Decko, ti reci svoj mama: Ali ne imati kusur, drugi put dati sve zajedno...

Mama je Alija i Ibrahima zvala zelenašima, ali je održavala s njima dobre odnose. Oni su prema nama, deci, uvek bili dobri — častili bi nas semenkama, narančama i šljivama.

Sredinom jula Ali i Ibrahim bi dovozili pun furgon lubenica i dinja i gomilom ih istovarali pred prodavnicom. A onda bi Ibrahim ceo dan, bez prestanka, hvalio svoju robu:

— Ko će borčalinsk lubenic i dinj, na kriška? Slatki lubenic! Of-of-of, kakav dinj!

Od kupaca se nije moglo odbraniti. Ali mene nisu privlačile ni dinje ni lubenice. Od ujutro do uveče drеждao sam pred prodavnicom i kao opčinjen gledao krivi turski nož s crnom drškom koji se belasao za Ibrahimovim pojasom, i kojim je on rasecao lubenice. Za mene nije bilo na svetu lepše stvari, niti stvari koju bih više poželeo od tog noža, o njemu sam maštao i na javi i u snu.

Bio je ponedeljak, 13. jula. Mama me je poslala po povrće. Prišao sam prodavnici i odmah ga spazio — predmet mojih sanja! Ibrahim i Ali su poslovali nešto u prodavnici, na ulici nije bilo ni žive duše, a nož se, zaboden u ogromnu lubenicu, blistao na suncu...

Ne znam ko mi je šapnuo:

„Idi, ne boj se ništa..."

Sećam se samo kako se nož našao u mojim rukama, kako se srušila piramida od lubenica, kako sam uleteo u dvorište teta-Marte, zakopao nož pod plotom i kako sam se, spazivši Kukaraču, koji kao da je ispod zemlje iskrsao, ukočio.

— Zdravo, Tamaz! — pozdravio me je on.

Umesto da ustanem, ja sam seo na zemlju.

— Kako idu poslovi? Šta ima novo?

Rekao bih ja njemu kako i šta, ali u takvim trenucima bi bilo glupo zapodevati s poručnikom svađu. Zato sam se nasmešio i samo slegnuo ramenima, sedeći i dalje. Onda je Kukarača čučnuo kraj mene, kako bismo razgovarali na istom nivou.

— Gde su tvoji prijatelji?

— Ne znam. Ko na selu, ko u Tbilisiju...

— A šta ti radiš ovde?

— Čekam oca. On mora ovih dana doći. Verovatno ćemo u Kobuleti.

— Ma, šta sad radiš, kakve planove imaš za danas?

— Za danas?... Zasad ne znam... Sigurno će deca doći... Otići ćemo na Vere ili u zoološki vrt...

— A do tada? — nije odstupao Kukarača.

— Poći ću kući — odgovorio sam.

— Nećeš sačekati decu?

— Kad budu došli, sami će me pozvati.

Nada me još nije napuštala: pa možda on i nije ništa video? Možda je ovamo došao slučajno? Možda hoće da se pomiri sa mnom posle onoga s cigaretama? Ustao sam i nemarno rekao:

— Pa, ja odoh...

— Sedi, dok ne dođu deca, da poigramo.

— Da igramo? Šta?

— Pa makar „pismo-glava".

Kukarača je iz gornjeg džepa izvadio srebrnu rublju, stavio je na kažiprst, kvrcnuo odozdo, uhvatio i upitno me pogledao:

— Glava! — rekao sam.

Kukarača je otvorio šaku.

— Izgubio si! — Kukarača je ponovno bacio novac.

— Neću više... — Digao sam se.

— Čekaj! Da možda igramo nožića? — predložio je Kukarača.

— Šta?! — ja sam se već zaljuljao.

— Da igramo nožića, velim! — ponovio je Kukarača.

— Što si navalio na mene, šta hoćeš? — zamalo da zaplačem.

— Ništa osim tvog prijateljstva, šta bi još? — Kukarača je ustao, u hrpi smeća pronašao komadić uglja i nacrtao njime na kapiji dva kruga — jedan veliki, drugi manji, unutar prvog. Onda je ugalj bacio, obrisao ruke i, odbrojivši deset koraka od vrata, povukao po zemlji crtu. Obratio se meni: — Pozajmi mi nož!

Ukočivši se od užasa, upitao sam:

— Kakav nož?

— Pa onaj koji si pod plotom zakopao! — odgovorio je Kukarača tako sigurno kao da ga je sam zakopavao.

Šta mi je preostajalo? Otkopao sam nož i dao ga Kukarači.

Poručnik je za trenutak razgledao nož, zadovoljno kimajući glavom, a onda ga je bacio, nož je opisao u vazduhu luk i zaboo se u veliki krug.

— Donesi! — mračno je rekao Kukarača.

S mukom sam izvukao nož i doneo ga poručniku. On je bacio još jedanput i opet pogodio u veliki krug. Iduća tri pogotka ispala su snajperska — u sredinu unutrašnjeg kruga. Kukarača se zadovoljno osmehnuo.

— Ti si na redu. Pet pogodaka. Upamti, ja imam 48 poena — dve devetke i tri desetke.

Gađao sam i pogodio nožem u stablo murve, 3 metra od kapije.

— O, kako ti pogađaš! — nasmejao se Kukarača.

— A ja sam u drvo gađao — bezočno sam slagao.

— Guraj!

Ostala četiri pogotka bila su još gora. Nož je pogađao u kapiju ili drškom ili bočno, ali nikako ne sečivom. Na buku je izišla teta-Marta.

— Gospode, šta to vidim, oslepila ja! Šta je ovo? Čemu učiš dete, propao zajedno sa svojom milicijom! Besposličaru! Kukarača-crnokožac!

— Poboj se boga, teta-Marto, kakve to reči izgovaraš? Zar nikad nisi jela šećera? — Kukarača se miroljubivo osmehnuo starici, zagrlio me oko ramena i izveo iz dvorišta. — A sad idemo da gazdi vratimo nož. U redu?

U takmičarskoj strasti ja sam zaboravio na tog prokletog Alija, i sad kao da me je neko popario vrelom vodom.

— Odnesi ti...

— A zašto ti ne bi?

— Stid me je!

— Ne mari. Idemo zajedno. S Alijem ću ja razgovarati.

Stigli smo do prodavnice u trenutku kad su Alijeva srdžba i uzbuđenje bili na vrhuncu. Jadni Ibrahim je strpljivo podnosio sve prekore.

— Zrikav kučkin-sin, kakav noz igubiti! Kako sad ja prodavati kriske lubenic?! Govoris: neko ukrasti, ukrasti! Bolje bilo da ja jedan dobar pas držao, on makar lajati!...

Kad je spazio Kukaraču, Ali je povisio glas:

— Milisija, gde ti?! Kud gledati milisija?! U centar grad jutros mene opljackati nekakav kučkin-sin!

— Ali, evo me! A evo ti i noža!

— Oh, drago moj! Ti ne milisija, ti pravi zlato! — Ali je iskočio iza tezge i počeo da grli Kukaraču.

— Nemoj meni, njemu zahvaljuj! To je on pronašao tvoj nož! — Kukarača me je munuo.

— Drago moj decko! Reci ko ukrasti moj noz, ja njemu usi odrezala!

— Ne znam ja, to je Kukarača od lopova uzeo nož! — izvukao sam se ja.

— Oj, ja njegov dusa motati, đubre, kučkin sin! — Ali i ne sumnja da grdi onoga koga je upravo nazvao „drago decko". — Na, drago, uzmes poklon, novci ne treba! — i on mi pruži dve male lubenice.

Ja sam odbio.

— Uzmi, čudače! — obodrio me je Kukarača.

I ja sam uzeo lubenice.

— I šta se kaže? — poučno me je podsetio Kukarača.

— Hvala, čika Ali, ali šta će mi dve lubenice, daj jednu dinju.

Kukarača se glasno nasmejao.

Ali me je pogledao ispod oka.

— O decko, ti isto veliki lukava kučkin-sin — i promenio mi je jednu lubenicu za dinju.

— Kukarača, a šta da kažem mami? Otkud sve to? Uzmi ih ti!

Kukarača je uzeo od mene i dinju i lubenicu, i mi smo krenuli kući.

Mama se zapanjila:

— Kukarača, ako kažeš da je ovo ukrao moj sin, ja ću se obesiti.

— Ma nemojte, Ana Ivanovna, to je Ali dao meni a ja vama — umirio ju je Kukarača.

— Čime sam ja zaslužila ovakvu pažnju?

Kukarača se zbunjeno nasmešio i raširio ruke.

— Ne vređaj se, Kukarača... kaži mi iskreno: odlaziš li ti samo k nama ili svima?

Kukarača se zamislio. Očigledno ovakvo pitanje nije očekivao.

— Ne, Ana Ivanovna, ne dolazim ja samo u vašu kuću... Ja sam rejonski i moram svuda da budem... Ali priznajem, kod vas se nekako neobično osećam... Uzbuđen sam kao na ispitu... U drugim kućama mi se samo obraćaju sa „poštovani", govore mi: „Izvolite poštovani Georgij!", „Sednite malo, poštovani Georgij!", „Sta bi bilo s nama, da vas nije, poštovani Georgij!" A vi... vi se raspravljate, čak se i svađate sa mnom, zovete me Kukarača...

— Pa vi ste me sami molili da vas tako zovem — zbunila se mama.

— U tome i jeste stvar... Ja sam to i druge molio... Iako, nisam, lažem! Nisam ja nikog molio... Uostalom, ne znam kako bih to objasnio... Meni se čini da sam u vašoj kući već nekad živeo... Kao vaš Tamaz... Onda sam skrivio nešto i odavde su me isterali... I sad sam se, iskupivši svoje grehe, opet vratio... — Kukarača je ućutao.

Mama je uzela cigarete i zapalila. Bila je uzbuđena, inače nikako ne bi zapalila u Kukaračinom prisustvu.

— Koje su tvoje dužnosti u miliciji, Kukarača? — upitala je mama. O poslovima milicijskog inspektora ona ništa manje nije znala od samog poručnika. A pitala je samo zato da bi prekinula ćutanje koje se odužilo.

— Dužnosti? Pa, prvo, gonjenje bandita i lopova...

— Nešto se baš ne sećam da je uhvaćen kakav bandit — nasmejala se mama.

— Dok sam ja ovde, ni jedan prestupnik rejona Vake ne sme ni da mrdne! — pošalio se Kukarača.

— U redu. A dalje? — raspitivala se mama.

— Dalje: idejno vaspitanje maloletnika — ponosno je odgovorio Kukarača — pravilno usmeravanje njihovog duhovnog života.

— Tako? A šta ti znaš o duhovnom vaspitanju, o duhovnom životu, o duši uopšte?

Kukarača nije žurio s odgovorom.

— Pa kako, Ana Ivanovna, duša je duša, a duhovni život to je — bioskop, pozorište, slikarstvo, muzika... I još ljubav prema svemu tome i uopšte ljubav!

— I ti smatraš da banditi ne posećuju bioskope, da lihvari, rasipnici i špekulanti nemaju žene i decu, da oni nikog ne vole? — mama je ugasila cigaretu i upitno pogledala u Kukaraču.

Poručnik se zamislio.

— Da, ispada čudnovato... A vi, Ana Ivnovna? Šta vi znate o duši?

Sad se mama zamislila.

— U tome se, dragi moj, nije tako lako snaći... Po mojem mišljenju, duša, to su misli čovekove mašte, zatvorene kao što je džin iz bajke zatvoren u bocu. Od svoga postanka, one teže slobodi. Ponekad ih mi, namerno ili nenamerno, oslobađamo, ali češće se one same otržu na slobodu. Oslobođena ljudska misao čuda stvara. Za mene je svaki genije džin koji se istrgao iz boce. Doduše, i među genijima postoje jaki i slabi, ali to nije toliko značajno. Oni podjednako doživljavaju sreću od stečene slobode. — Mama je tiho govorila, kao za sebe i samo je na kraju pogledala u Kukaraču. — Kukarača, dobro je što je u miliciji tebi dato da se baviš ovim stvarima...

— Ana Ivanovna, a gde piše o svemu tome? — upitao je zadivljeni Kukarača.

— Ne znam... Ne sećam se... Najverovatnije nigde. Naprosto ja mislim tako.

— A ljubav? Ima li i ljubav. veze s dušom? — zainteresovao se Kukarača.

— Naravno... U svakom slučaju, od svih blaga datih čoveku najdragocenije blago je talenat za ljubav. Ja žalim čoveka koji umre a da nije doživeo ljubav...

— Ja mnogo volim decu...

— Znači, ti si srećan čovek.

— A vi?

— Ja sam majka i najviše osećam ljubav.

— Oh, teška su stvar deca. Eto, vi ste rekli: trčiš, za Tamazom... A on nije sam. I ja moram paziti da se oni ne pobiju, da ne dođu u nevolju, da nešto ne ukradu. — Kukarača je ispod oka pogledao u mene. — Možda me deca i mrze, ali šta da se radi? Ja se trudim samo iz ljubavi prema njima! A mogao sam postati odličan zemljoradnik ili kovač! — Kukarača je pokazao svoje snažne šake.

— Naravno, teško je vaspitavati decu — složila se mama — i ne samo tuđu, nego čak i svoju...

— Da... Uzmimo, na primer, za krađu krivični zakon Gruzije predviđa kaznu od tri do petnaest godina...

— Vrlo strog zakon!

— Strog ali neophodan!

— Reci, a kako vi hvatate lopove?

— Obično. Ukrade li, hvatamo ga, ako ne ukrade, neka ga, neka šeta... dešava se i ovako: znamo da je čovek lopov, a nemamo prava da ga diramo. Potrebni su dokazi, svedoci! Ima i ovakva poslovica: ,,Neuhvaćeni nije lopov!"

— A ja sam mislila da je vaš posao složen.

Kukarači se učinilo da su na nj izlili vedro hladne vode.

— Ali, znate... — rekao je uvređeno.

— Pa dobro... a preduzimate li kakve mere pre nego što lopov ukrade?

— Razume se. Naš posao ima svoju specifičnost. Postoji termin: profilaksa prestupa...

— Nisam na to mislila — prekinula je mama Kukaraču — mene zanima da li vi s lopovima razgovarate.

— Kako da razgovaramo? — iskreno se začudio Kukarača.

Mama je ustala, prišla ormaru s knjigama, uzela s police knjigu u crnom povezu, otvorila je i obratila se poručniku:

— Slušaj! Nastojaću da uprostim tekst: „Ako te tvoje desno oko navodi na zlo, iščupaj ga i odbaci od sebe, jer je bolje za tebe da propadne jedan tvoj organ nego da čitavo telo tvoje bude podvrgnuto truljenju. A ako te tvoja desna ruka navodi na zlo, odseci je i odbaci od sebe, jer bolje je za tebe da bude uništen jedan tvoj ud nego da čitavo telo tvoje bude izloženo truljenju." Jesi li razumeo?

— O, to da! — uzviknuo je Kukarača! E, to je strogost! Izvaditi vlastito oko! Odseći sopstvenu ruku! Prema takvom zakonu, naš je zakon raj!

— To, Kukarača, nije zakon, to je zapovest. Kad bi se uveo ovakav zakon, polovina stanovništva Gruzije postala bi jednooka i jednoruka — rekla je mama.

— A šta je to zapovest?

— Zapovest je moralno pravilo, stanje iz kojeg proističu svi zakoni. I vidiš, ja te pitam: upoznajete li vi ljude s ovim zapovestima pre nego što ih hapsite?

— Ljudima s kojima mi imamo posla ne pomažu nikakve zapovesti... Uopšte, valjalo bi s tim zapovestima i zakonima upoznavati decu u školi i kod kuće... A kakva je to knjiga, Ana Ivanovna,

— Četvoroglav. Jevanđelje po Mateju.

— A čitate li ga vi Tamazu?

— Tamazu? — zbunila se mama. — Znaš, nisam o tome mislila... Držim da je još rano...

— Nikad nije rano čitati takvu knjigu — zamišljeno je rekao Kukarača.

— Možda si u pravu...

— Ana Ivanovna, pozajmite mi ovu knjigu, vratiću je za dva dana — zamolio je Kukarača.

Mama je bez reči stavila *Jevanđelje* pred njega.

— Razume se, ja neću moći lako sve da shvatim, ali ću se vama obratiti za pomoć. Vi sigurno dobro vladate starogruzijskim jezikom?

— ...I francuskim, i engleskim, i nemačkim — pohvalila se mama.

— Kad ste uspeli da naučite tolike jezike? — začudio se Kukarača.

— Oh, dragi moj, mi svi u stvari govorimo jedan jezik, a jedan drugog ne razumemo samo zato što ne umemo da volimo bližnjega — uzdahnula je mama.

— Imate li nešto protiv glavobolje? — odjedared je upitao Kukarača.

Mama je donela dve tablete i pola čaše vode.

— Evo, ako bol nije jak, uzmi jednu, a ako boli mnogo, dve.

Kukarača je progutao obe tablete, zahvalio se i pošao prema vratima.

— Ana Ivanovna, a mogu li ja o ovome ispričati našima u miliciji?

— O čemu to, Kukarača?

— Pa evo o čemu: o duši, o džinu zatvorenom u boci, o zapovestima...

— Jevanđelje, dragi moj, nisam ja pisala, a ni ono što sam rekla o duši, takođe nije tajna, tako da...

— Hvala, Ana Ivanovna! Do viđenja!

I Kukarača je napustio sobu.

Dva dana kasnije Kukarača je vratio Jevanđelje. Došao je, zahvalio se i otišao.

Otada se Kukarača više nije pojavljivao kod nas. Kad bismo se sreli na ulici, on bi me nežno lupkao po obrazu i molio da pozdravim mamu.

Kukarači se pojavio drugi posao, mnogo ozbiljiniji i složeniji nego što je baktanje s nama.

Sve što će dalje biti ispričano istiniti su događaji i ja sam im bio svedok: u svoje vreme oni su uznemirili sve stanovnike našeg kvarta.

Kukarača je tri puta pozivao Ingu u miliciju, a ona nije dolazila. Onda je poručnik sam krenuo k njoj, ali je nije zatekao kod kuće.

— Nećeš je ti tako jednostavno domamiti u miliciju. Ona je drska — rekao je domar Šakro Kukarači.

Kukarača je utnuo cedulju u ključaonicu i pošao.

Na ulici je sreo lepu devojku dugačkih kestanjastih uvojaka. Izgledala je tako samopouzdano kao da je ceo svet samo njen.

Kukarača se i nehotice zaustavio, ali je devojka prošla mimo njega a da ga nije ni pogledala. Tada se on okrenuo i stao da gleda za njom.

Ona je osetila uporan pogled muškarca i, zastavši, napravila je takvu grimasu da se Kukarača glasno nasmejao.

— Čemu se smejete? — namrštila se devojka.

— Jeste li vi Inga?

— Recimo da jesam. I šta?

— Ne „recimo", nego tačno: vi ste Inga? — upitao je Kukarača.

— Da. Ja sam Inga. A ko ste vi?

— Ja sam onaj Kukarača koji vas je tri puta zvao u miliciju.

— A-a-a... E, pa zašto sam vam potrebna?

— To ćete u miliciji doznati, draga moja Inga! — Kukarača je prišao devojci.

— Mislite li da ćete me lako dovući u miliciju? — podigla je Inga obrve.

— Kad bih tako mislio, ne bih se pentrao uz ovo brdo! — priznao je Kukarača. — Ali ću vas u miliciju ipak dovesti.

— Jedino silom — nasmejala se Inga.

— Zamisli, kakav zadatak! Ja sam dva finska tenka dovukao u svoj štab! — osmehujući se ali vrlo tvrdo rekao je Kukarača.

— Stvarno?

— Stvarno.

— Kako?

— Sutra u devet dođite u miliciju k meni. Tamo ćete sve doznati. A ime mi je Georgij Tušurašvili.

— Sigurno?

— Sigurno.

— Lepše zvuči Kukarača.

— Zovite me Kukarača.

— A da pođemo k meni? Tamo možemo i porazgovarati... — u tonu devojke osećala se radoznalost, poštovanje i čak strah.

— Ne, danas ste umorni od posla... Ja ću k vama doći drugi put, a sutra vas čekam.

— Dobro.

— U vratima ćete naći cedulju. Ne vređajte se. Nisam mislio da ću vas sresti na ulici. Pocepajte cedulju bez čitanja.

— Dobro.

— Do viđenja.

— Do viđenja.

Kukarača i Inga su se bez žurbe razišli.

Ona nije došla ni u devet, ni u pola deset. Da bi skratio vreme, Kukarača je deseti put već čitao Inginu autobiorafiju, koju je izvukao iz arhive u stolu za legitimacije.

„Ja, Inga Amiranovna Laliašvili, rodila sam se 19. aprila 1920. godine u g. Tbilisi. Otac Amiran Davidovič Laliašvili umro je od srčane mane 1926. godine. Majka — Anastasija Aleksandrovna Hmaladze-Laliašvili — umrla je 1927. godine od tuberkuloze. Vaspitana sam u Zeno--Avčalskom dečjem domu. Završila sam sedmoljetku. Godine 1934. upisala sam se u dvogodišnju apotekarsku školu. Sad radim na izdavanju lekova u apoteci br. 128. Nisam član partije. Neudata. Boravim u Tbilisiju, Kobuletska padina, br. 137.

I. Laliašvili,
27. IX 1936. g.”

Ona nije došla. Kukarača je bio tužan i uvređen — nije verovao da devojka može obmanuti.

Zaklopio je fasciklu, stavio u fioku, uzeo kapu i... u sobu je ušla Inga. Kukarača je s olakšanjem odahnuo.

— Dobar dan, Inga.

— Zdravo, Kukarača! — odgovorila je ona i sela ne čekajući da joj se ponudi.

— Priznajem, nisam se više nadao da ćeš doći.

Inga se nasmejala.

— Ja sam došla tačno u devet!

— Pa zašto nisi ušla?

— Zato što sam žena, a žena uvek dolazi na sastanak pre naznačenog vremena, krije se negde na skrovitu mestu i osmatra Njega. A pojavljuje se tek kad oseti da je On izgubio strpljenje... Ja sam stajala iza vrbe i posmatrala sam te kroz prozor. A pojavila sam se kad si se ti već spremio da pođeš. I to je sve! — završila je Inga, smejući se.

— To sve je možda vrlo duhovito kad je u pitanju ljubav — rekao je Kukarača. Inga se zbunila.

— Zašto si me pozvao? — upitala je onda hladno i stavila svoju tašnu pred Kukaraču.

— Čime da počnemo? Od dva tenka ili... — Kukarača je stavio tašnu na stranu.

— O tvojim tenkovima zna ceo grad. Počni od predmeta! — rekla je Inga i dohvatila tašnu sa stola.

Kukarača je uzeo u ruke prijavu Inginih suseda, odvio kraj lista s potpisima, otcepio ga, stavio u fioku i prijavu pružio Ingi.

— Evo, izvoli. Pročitaj!

Kukarača nije dizao pogleda s devojke. Ona se prvo uzvrpoljila na stolici, a onda joj se lice osulo crvenim pečatima a oči napunile suzama. Prijavu je pocepala napola i pocepanu bacila na sto.

— Dokumenti se ne smeju cepati! Inga!

— Oprosti! — Inga je progutala suze. — Ja znam čije je ovo delo — Kalamanišvili!

Kukarača se zaprepastio: Inga je izgovorila prezime koje je bilo potpisano crvenom olovkom!

— Pod prijavom ima mnogo potpisa. Otkud ti misliš da je pisao baš Kalamanišvili?

— Ne on, nego ona! Kalamanišvili je stara prostitutka, razvratnica! Odživela je svoje, nikom više nije potrebna, i sad eto ujeda od zavisti...

— Na čemu ti zavidi? Ko si ti? Ljubavnica lopova, ološa, morfiniste! — prekinuo je Kukarača Ingu.

Inga je za trenutak zanemela.

— Taj čovek... — izgovorila je napokon i ustala, oborivši pri tome tašnu, taj čovek, ma kakav da je, jeste moj

53

muž... A Kalamanišvili nema ni muža ni ljubavnika, ni prijatelja ni neprijatelja... Ona je nekad bila lepa, a sad je sasvim sama na svetu... Zato mi i zavidi... Ti to ne možeš razumeti, ti si muškarac. A što se tiče gadosti koje ona navodi u prijavi, ja sam ih slušala samo u jazbini te stare veštice. To se kod nje okupljaju lopovi i kartaroši iz čitavoga grada... A Murtalo nije nijedanput došao k meni pijan, nijedanput nikoga nije doveo sa sobom. On me voli i neće sebi ništa nepristojno da dopusti!... — Inga je izgubila živce, usne su joj pobledele i zadrhtale. Pala je na stolicu kao posečena.

— Kad on biva kod kuće? — upitao je Kukarača.

Inga je sumnjičavo prižmurila.

— On o tome ne govori unapred.

— Razume se, banditska navika...

— Reci mi ijednog čoveka u gradu kome je on ukrao ili uzeo makar jednu kopejku!

— Znam... U našoj kartoteci su svi podaci o tvom časnom suprugu: opasan recidivist, u Gruziji ne radi, ima četiri presude, od toga dve za ubistvo, i nije ubijen samo zato što je ucmekao podlace kao što je sam. Evo kakav je tvoj anđeo.

— Briga me za vašu kartoteku! A bi li ti mogao svojoj voljenoj svakog dana slati korpu crvenih ruža?!

— Zašto ne? Ne zove se naš rejon badava Vardisubani[1] — našalio se Kukarača.

— I zimi?

— Zimi — teže — priznao je Kukarača.

— E pa vidiš. A Murtalo je mogao... — primetila je Inga, ne bez zluradosti. — Bi li mogao ti svakog meseca slati ženi hiljadu rubalja?

— Otkuda? Moja plata je osam stotina rubalja! — uzviknuo je Kukarača.

— A Murtalo je mogao!... A bi li ti mogao da se pojaviš s drugog sveta da bi voljenoj ženi čestitao Novu godinu i rođendan? Ne, ne bi mogao! A Murtalo može! — Inga je govorila sve više se uzbuđujući, a Kukarača je mislio: „Evo, izbrbljala se budalica!" — Možeš li ti odbiti od mene sve

---

[1] *Vardisubani* — rejon ruža.

54

muškarce u kvartu, učiniti me nedostižnom, maltene kraljicom? Ne možeš! A Murtalo može, jer on se nikoga na svetu ne boji — ni tebe, ni tvoje milicije, a ti se njega bojiš! — Inga je bila na ivici histerije.

— Dobro, smiri se! — tiho je rekao Kukarača i dodao: — Upamti, taj se još nije rodio koga bih se ja plašio!

— Ozbiljno?

— Sasvim!

— U redu... I dosta o tome! A šta ti od mene hoćeš?

— Ništa. Napiši izjavu da se gorenavedene činjenice ubuduće neće ponoviti...

— Kako se mogu ponoviti ako ih nije bilo?!

— Onda napiši da prijava ne odgovara stvarnosti, da je sve kleveta — predložio je Kukarača.

Inga je napisala.

— Gotovo? Mogu ići? — upitala je.

— Izvoli! — odgovrio je Kukarača, ali nije mogao izdržati a da ne upita: — Reci mi, ali iskreno: da li odista voliš to ništavilo, ili ga se plašiš?

Inga se zamislila, pa je upitala:

— A ti, Kukarača, znaš li ti šta je ljubav?

Kukarača je potvrdio glavom.

— Onda reci!

— Talenat za ljubav, kad umeš da voliš, to je najdragocenije od svih blaga koja su data čoveku... I nesrećan je onaj ko umre a da nije osetio ljubav...

— Ko te je tome naučio, Kukarača? — prošaptala je Inga.

— Ana Ivanovna... .

— Ko je to?

— Postoji takva žena...

— A ti, jesi li osetio?

— Još ne... A ti?

Inga nije odgovorila. Ona je ustala, okrenula se i izišla a da se nije oprostila...

Kukarača je za trenutak osluškivao udaljavanje koraka, onda je uzeo pocepanu prijavu, zalepio pocepane komade gumiarabikom, ponovo je sklonio, prišao prozoru i širom ga otvorio da bi provetrio sobu. Otvorivši, zamro je kod prozora — iza vrbe je stajala Inga i gledala ga...

"Narodnom komesarijatu unutrašnjih poslova Gruzijske SSSR.
Molimo da obavestite sve organe milicije u republici: noću između 8. i 9. marta u g. Taganrogu je opljačkana juvelirska radnja. Opljačkane su dragocenosti u vrednosti od 456.325 rubalja i 40 kopejki. Utvrđeno je: jedan od učesnika pljačke, koji se krije, jeste Gruzin, s nadimkom Murtalo (pravo ime nije poznato). Objavljena je svesavezna poternica. Oznake: srednjeg rasta, plećat, gornja usna rasečena, dva prednja zuba zlatna.
Načelnik kriminalističkog odeljenja
Narkomata unutr. poslova SSSR
11. marta 1940. g "

Kao i ostali saradnici milicije, i Kukarača je dobio kopiju ovog radiograma, mada njega nisu uvrstili u operaciju. Ovakve poslove je u rejonu obično obavljao lično Sabašvili. Međutim, ovaj radiogram je i rukovodstvu i potčinjenima izgledao malo naivan. "Murtalo nije ptičica koja bi, nakon onog što je učinila u drugom gradu, doletela u Tbilisi da mirno čeka kad će se pojaviti milicija!" — mislili su svi.

Osim Kukarače.

Devetnaestog aprila u jedan sat noću Kukarača je ušao u Inginu sobu i s naganom u ruci zastao u vratima.

Za stolom je sedelo dvoje — Murtalo i Inga. Murtalova ruka s neotčepljenom bocom šampanjca ukočila se. Murtalo je pogledao prvo Ingu pa Kukaraču i odložio bocu.

— Ne miči se! — Kukarača je, naravno, shvatio da Murtalo drži oružje u desnom džepu i zato nastoji da oslobodi desnu ruku. — Podigni bocu više!

Murtalo je poslušao.

Tog trenutka je Kukarača opalio i iz razbijenoga grla boce šiknuo je šampanjac. Kukarača je premestio nagan u levu ruku, prišao otpozadi stolici na kojoj je sedeo Murtalo, kažiprstom podigao kaput sa stolice i, ne osetivši težinu u njemu, vratio ga na mesto.

— Ustani!

Murtalo je ustao.

Kukarača je brzim pokretom ruke iz desnog džepa Murtalovih pantalona izvukao pištolj i stavio ga u svoj džep. Onda je seo za sto i stavio ispred sebe čašu.

— Možeš da sipaš.

Murtalo je nasuo šampanjac i, gorko se osmehujući, upitao:

— Može li se sesti?

— Naravno. Ali ti ćeš još tako dugo sedeti, da bih ja na tvom mestu više voleo da postojim...

— Šališ se? Dobro je kad se milicioner šali!

Murtalo je seo.

— Ja sam Kukarača.

— Znam. Zašto nisi ušao kroz prozor?

— Da ne bi ti izišao kroz vrata.

— Kako si se dosetio da vrata nisu zatvorena?

— Zastareli su tvoji metodi, Murtalo, mi sad na tu udicu ne trzamo.

— Dobro gađaš!

— Naganom — pet u desetku, nožem — tri u desetku, dva u devetku.

Murtalo se namrštio.

— Šta hoćeš, zašto si došao? Pa znaš da ja ne radim u Gruziji, da ne uznemiravam mesne vlasti... A da me zbog „puce" hapsiš nema smisla. Ne pristoji Murtalu da leži zbog nošenja oružja... I onda... Ne pretim, ali ti znaš: zatvor nema samo ulaz... — Murtalo se pomakao prema kaputu.

— Nemoj Murtalo! — upozorio ga je Kukarača i stavio prst na oroz nagana.

— Cigarete! — brecnuo se Mutralo.

— Cigarete izvoli...

Murtalo je zapalio.

— Hajde, kome da nazdravimo? — upitao je Kukarača.

— Miliciji! — Murtalo se podrugljivo osmehivao.

— Za miliciju! — Kukarača je iskapio svoju čašu.

— Veliš, nema smisla hapsiti te zbog „puce"? — obratio se on Murtalu.

— Bogami, Kukarača, nema! — mnogoznačno je ovaj odgovorio. Kukarača je oćutao, pa je pogledao Ingu koja do sada nije ni jedne reči izgovorila.

— Madam, budite ljubazni — rekao je on — pa skinite minđuše i prsten... Brilijantske minđuše i brilijantski prsten... Skinite i stavite na sto...

Inga se zacrvenela.

— Preteruješ, Kukarača! — Murtalo je prekorno mahnuo glavom. — Moj posao ne vredi toliko! Pusti ženu, uzmi piljke.

Kukarača kao da nije čuo ove reči i kao uzgred je upitao Murtala:

— A, između ostalog, reci kud si stavio ostali nakit, uzet iz juvelirske radnje u Taganrogu?

Murtalo je pojmio da odgovori, čak je usta otvorio, ali se predomislio. Pet minuta je trajalo ćutanje. Murtalo je ponovno zapalio, nekoliko puta je uvukao dim i odjedared se naglo — Kukarača nije stigao ni da se pomakne — nagnuo prema Ingi i pritisnuo joj cigaretu na lice. Inga je vrisnula, zabacila glavu. Kukarača se užasnuo spazivši pod njenim levim okom gadnu opekotinu iz koje je lila krv.

— Jesi me prodala, kujo?! — zapištao je Murtalo. Istog trenutka Kukarača ga je jakim udarcem oborio. Onda mu je vezao ruke, pa je prišao Ingi.

— Oh, kako mi je to promaklo! — tužno je izgovorio. Inga je iz ormara uzela nekakav flaster i stavila ga na ranu, a Kukarača je dohvatio Murtala za okovratnik, prezrivo ga stresao, kao da ga je pljunuo, i rekao:

— Trulež si ti, a ne čovek! Tvoj kum se nije prevario!

Murtalo je otrovno pogledao u poručnika i procedio kroz zube:

— Upamtićeš ti to, Kukarača... Krv će poteći... Ne bio ja Murtalo!...

— Neka, ali sad je moj red. Kreći! — I Kukarača je gurnuo Murtala prema vratima.

U tom trenutku se desilo ono što Kukarača ne samo da nije mogao očekivati, nego ni zamisliti: Inga je skočila i klekla pred njim na kolena:

— Ne ubijaj me, Kukarača!... Ko će verovati da ga ja nisam izdala miliciji?! Molim te!... — ona je vrele usne pritisla uz poručnikovu ruku. — Pusti ga!... Budi muškarac! Sažali se na mene! Pusti ga ako nećeš da me vidiš presečena grla!

— Šta to pričaš? I zbog koga se ponižavaš? Zbog ovog gada? Da si odmah ustala!

— Ne, Kukarača, ti ne poznaješ njihov zakon. Oni će me ubiti, zaklati! Majkom te zaklinjem, pusti ga! Neka iz moje kuće ode čitav.

— Inga, šta ti je? Ja ne radim svoj lični posao, nego državni! Kako bih ga mogao pustiti?!

— Kukarača, ubiću se! Kunem ti se!

Kukarača je shvatio da je Inga odista sposobna da to učini. On nije bio od gvožđa, ne, običan, duševan bio je čovek poručnik milicije Georgij Tušurašvili. I on nije mogao da se odupre molbi drugog čoveka. Izvadio je nož i rasekao čvor na Murtalovim rukama.

— Idi! — rekao je Kukarača.

Muratalo se nije pomakao s mesta.

— Idi! — ponovila je Inga.

Murtalo je krenuo prema vratima.

— Kroz prozor! — rekao je Kukarača.

Murtalo se vratio i skočio kroz prozor. Nakon nekoliko trenutaka Kukarača je opalio u prozor.

Inga je prišla Kukaraču i ridajući obgrlila njegove noge.

— Ustani!

— Šta će sad biti s tobom?!

— Ništa, valjda ću se izvući...

Kukarača je podigao Ingu i izišao iz sobe, zatvorivši za sobom vrata.

Svetla u prozorima bila su ugašena. Ali je Kukarača osećao kako ga, kao ognjene strele, probadaju radoznali, preplašeni pogledi suseda...

Kancelarija Sabašvilija bila je zaključana iznutra. Kukarača je oborene glave sedeo na stolici. David je, kršeći ruke, jurio po sobi gore-dole, udarajući o zidove. S vremena na vreme on se zaustavljao pred poručnikom i vikao:

— A šta si ti mislio da je Murtalo frajer? Za banditom je raspisana svesavezna poternica, a ovaj kreten, Šerlok Holms, juri sam na operaciju!... Kako si operaciju nazvao? „Inga i Kukarača?"! „Kukarača iz rejona Vake"?! — David je dohvatio bokal s vodom i gotovo ga celog ispraznio.

— Je li ti jasno da to miriše na sud?! Kako si smeo da sakriješ od mene?!

— Pa šta sam sakrio? Ja ništa ne znam... Došao sam da čestitam ženi rođendan, i tamo zatekao nepoznatog... — promrmljao je Kukarača.

— Kakvog nepoznatog?! Koga ti obmanjuješ? I šta te je odvuklo k njoj u jedan sat noću?

— Otišao sam kad sam se oslobodio...

— Zašto? Ko ti je ona? Prijatelj? Rođaka?! Ili si sasvim izgubio pamet? Vodiš ljubav s prostitutkom?

— To je moja dužnost... — mirno je odgovorio Kukarača.

— Šta je to tvoja dužnost? — izbezumio se Sabašvili.

— Moja dužnost je: moralno delovati...

— Ućuti, jer ću te ucmekati, a i sebe isto tako!... Uostalom, koga ja optužujem? Sam sam za sve kriv! Zar je tebi mesto u miliciji? Ti nemaš mozga! Trebalo bi da rukovodiš dečjim vrtićem!...

— Objasnio sam ti: slučajno sam na njega nabasao, i on je, vidiš, otišao...

— A dva pucnja?

— Pa... Pucao sam i promašio...

— Kad si pucao?! Nakon jednog sata?

— Na, ubij me! Otišao je, pobegao, gad! I šta sad ja da radim? Evo, mogu se i pred tobom ubiti, hoćeš?

David je seo za sto, uhvatio se za glavu i dugo ćutao. Onda je pred Kukaraču stavio list papira i pero.

60

— Piši... Stavi naslov kakav hoćeš — izjava, molba, izveštaj... Napiši da nećeš da radiš u miliciji i moliš da budeš osobođen...

Vreme je prolazilo, a Kukarača se nije ni laćao pera. Sabašvili je shvatio da se u poručnikovoj duši odigrava borba, strašna, složena borba. On se pribrao, pokušao je da ublaži zategnutost, pa je tiho upitao:

— Šta se s tobom dešava, Georgij?

— Davide, ti znaš, ja mogu i da napišem izjavu, mogu i iz milicije otići... Ja se nečeg drugog plašim... Bojim se da ne izgubim tebe, da ne izgubim poštovanje prema samom sebi... Zato te molim, ne teraj me sad:.. Daj mi mogućnost da ispravim svoju pogrešku... Ja ću znati da iskupim krivicu, makar i po cenu sopstvenog života...

Sabašvili je dohvatio slušalicu kućnog telefona:

— Gabo, molim te, dođi na trenutak...

— Šta hoćeš — upitao je Kukarača.

— Hoću da te ohladim.

— Za dugo?

— Dok se ne opametiš.

— Znači, doživotni zatvor? — gorko se nasmešio Kukarača. — A vidi šta ću ti reći: ja lično smatram da je vraćanje Inge ispravnom životu sto puta značajnije nego hvatanje toga skota Murtala...

— Šta? — David je pobledeo. — Ti si ga, znači, pustio?!

— O, gospode! Rekao sam ti: otišao je, pobegao.

David je hteo da nešto kaže ali u tom trenutku je u kancelariju ušao njegov zamenik Gabo.

— Zdravo!

Niko mu nije odgovorio. Gabo je odmah shvatio da se nešto neobično dešava i ugrizao se za jezik.

— Oduzmi mu oružje i stavi ga u samicu! — naredio je David.

— Samica je zauzeta.

— Ko je tamo?

— Mtacmindski Apo, lopov.

— Nikakvih Apo! Smesta oslobodi ćeliju!

— A kud ću s Apom?
— Kud te je volja. Pusti ga.
— Kako?!
— Šta je skrivio?
— Pretukao je bifedžiju.
— Zašto?
— Previše mu je zaračunao...
— I zaslužio je... Pustiti!
— Kuda?
— Šta je, kapetane, jeste li vi ogluveli? Kaže vam se: pošaljite tog Apa do đavola i stavite Georgija Tušurašvilija, Kukaraču, u samicu. Razumete?
— Da, druže majore! — ispravio se Gabo.
— Tako. Dejstvujte!
Sabašvili je napustio kancelariju.

Od toga dana Kukaračin život kao da se sasvim izmenio. Jedni su govorili da je poručnik silno uspeo, drugi naprotiv — smatrali su da je sudbina Kukarači podvalila; jedni su tvrdili da je njihov rejonski sušti anđeo, drugi naprotiv — okrivljavali su ga za veze sa samim sotonom. Ukratko, od Zemmelja[1] do poljoprivrednog instituta i od rečice Vere do Mtacminde ime Kukarača menjano je na sve moguće načine.
— Juče su Kukaraču videli u apoteci...
— Nešto je učestao na Kobuletsku padinu...
— A već Inga — pravi se svetica, kao da nije ona bila Murtalova ljubavnica nego ja...
— Osećam ja: ubiće ih Murtalo...
— Počela je gore da se odeva... Ali lice... Lice joj naprosto blista od sreće...
— Pitanje je samo hoće li se odreći starog...
— A Kukarača svakog jutra u šest sati odlazi od nje...
— Možda su se registrovali?
— Šta mi pričaš...

---

[1] Tako građani Tbilisija i danas zovu mesto gde je nekad bila privatna apoteka Zemmelja.

Ovako ili onako, imena Inge i Kukarače spojila su se u jedno...

Vraćali smo se od tetke Aniso, mamine drugarice iz detinjstva. Ranije, pre no što smo se preselili, živeli smo u istoj kući, u Anastasjevoj ulici. Sada nije mogla proći ni nedelja dana a da mama i tetka Aniso ne posete jedna drugu. Prijateljice bi po ceo dan brbljale bez prestanka, a sin tetka-Aniso, moj vršnjak Surab, i ja ganjali smo po dvorištu loptu.

I tako, vraćamo se mi kući... Ja sam pričao mami kako smo Dudu i ja, zatvorenih očiju, prošli po vodovodnoj cevi, prebačenoj preko uvale Varazishevi. Mama je slušala, slušala i odjedared se glasno nasmejala:

— A znaš li zašto si ti takav lažovčić?

— Zašto? — iskreno sam se zainteresovao, pošto sam znao za taj svoj greh — voleo sam pokatkad da izmišljam.

— Kad si ti došao na svet, ja sam studirala i kod kuće nije imao ko da se bavi tobom, pa sam te ostavljala na brizi Aniso. I ona, nevaljalica, da se ti ne bi derao, davala ti je praznu dojku. A svi koji u detinjstvu sišu praznu dojku, izrastu u lažljivce. Razumeš?

Oboje smo se smejali.

Kod Verijskog trga sreli smo Kukaraču. S njim je bila lepa mlada žena u jednostavnoj haljini. Odmah sam prepoznao Ingu.

— Dobar dan, Ana Ivanovna! — učtivo je pozdravio Kukarača.

— Kukarača, dragi zdravo! obradovala se mama. — Gde si se izgubio? Kako si?

— Hvala, dobro. Kako ste vi? Da li vas Tamaz što vređa? Ako ma šta ima, pozovite me, ja ću mu kožu oderati... — I Kukarača me je pomilovao po kosi.

— Ne, ni govora, tvoje lekcije su mu koristile. Samo, ponekad me obmanjuje.

— Šta ćete, Ana Ivanovna, svi mi ponekad jedan drugog obmanjujemo — opravdao me je Kukarača i pogledao Ingu, koja se po strani stidljivo osmehivala.

63

— Upoznajte se, Ana Ivanovna, ovo je moj prijatelj Inga Laliašvili.

— O, vidi, kakva je Inga! Divna devojka! — mama je pružila ruku. Zbunjena Inga odgovorila je lakim stiskom ruke.

— A otkud je vi poznajete? — začuđeno je upitao Kukarača.

— O, dragi moj, sad ceo svet ni o čemu drugom ne priča nego o tebi, Ingi i sovjetsko-nemačkom sporazumu! — smejući se odgovorila je mama.

Inga se zarumenela.

— A vi ste, Ana Ivanovna, bili onda u pravu, oh, kako ste bili u pravu... — rekao je Kukarača.

— Kad Kukarača?

— Kad ste mi, sećate li se, rekli: „Od svih blaga koje je bog dao čoveku, to je ljubav, kad imaš sposobnost da voliš."

— A-a — setila se mama.

— Hvala vam, Ana Ivanovna!

— Kakve veze imam ja s tim?

— Pa ipak hvala!

— Nema zašta, Kukarača...

— Pa, do viđenja!

— Bog vam dao zdravlja!

Kukarača i Inga su pošli. Majka ih je pratila pogledom.

— Lepa devojka! — rekla je.

— Veoma! — potvrdio sam ja.

— I ti si mi znalac! — mama me je lako udarila po potiljku. Onda je protrljala desni dlan i rekla tiho, kao za sebe: Kako joj je topla i prijatna ruka...

Od tog vremena prošla su nekolika meseca. I jednog dana u dvorište teta-Marte uleteo je, bled kao kreč, Zevera, zamahao je rukama i strašnim glasom viknuo:

— Ubili su Kukaraču!...

...Deset minuta kasnije ceo naš kvart okupio se pred Inginom kućom.

Bolničari i dva milicionera na nosilima su izneli Kukaraču. Iz njegovih, na dva mesta probijenih grudi, lila je krv...

— Inga — progovorio je on — uokolo je magla... ružičasta magla... Ja te ne vidim... Oh, Murtalo, gade prljavi, podlo si me ucmekao... — Kukarača je tužno odmahnuo glavom, pa je upro pogled u Ingu i pružio ruku prema njenom licu. Za trenutak ruka je zastala u vazduhu a onda je, kao odsečena, pala.

Bez ijedne reči, bez ijednog jauka, s osmehom na licu, umro je Kukarača — poručnik milicije Georgij Tušurašvili.

David je dodirnuo Inginu ruku.
— Kud je on otišao? Na koju stranu?
Inga je pokazala rukom prema Udzou[1].
David se ćutke probio kroz gomilu i pošao stazom prema Udzou, pošao po vučjem tragu.
Ujutru je David na konju doveo ranjenog, svezanih ruku Murtala i bacio ga na dvorište milicije.

Mesec dana kasnije, u narodnom sudu koji se nalazio pored okruglog parkića, otpočeo je proces. One koji su želeli da čuju ne samo da nije mogla primiti mala dvorana, nego ni parkić. Svaka reč izgovorena na sudu odzvanjala je po gradu kao jeka.

Mama nije odlazila na suđenje, a ja nisam propuštao ni jedno zasedanje i sve sam joj pričao.

Sudu je s velikom mukom pošlo za rukom da nađe branioca. Nijedan advokat iz Tbilisija nije hteo da preuzme odbranu Murtala: ljudski gnev bio je jači od svakog mita pa čak i od pretnji ubičinih prijatelja.

Sudski pretres trajao je tri dana od ujutru do kasno uveče, s malim pauzama.

Trećeg dana je, na molbu Davida, prvi put u sudnicu došla Inga. Došla je, sva u crnini, lepa i ozbiljna. Stala je pred sudiju i porotnike i ne pogledavši u Murtala, koji je između dva milicionera, sedeo iza pregrade.

---

[1] *Udzo* — brdo u okolini Tbilisija.

Nakon uobičajene uvodne procedure otpočelo je saslušanje.

Sudija: Ispričajte sudu šta znate o predmetu.

Inga: Kukarača je došao kući u podne...

Sudija: Vi mislite na Georgija Tušurašvilija?

Inga: Ja ću ga zvati Kukarača.

Sudija: Molim... Recite zašto je Kukarača upravo k vama došao?

Inga: On je moj muž.

Sudija: A ko vam je bio optuženi?

Inga: (nakon dužeg ćutanja). Murtalo?

Sudija: Šalva Fridonovič Hizanišvili.

Inga: Ja takvog čoveka ne poznajem.

Sudija: On sedi levo od vas, na optuženičkoj klupi.

Inga: Tog nitkova zovu Murtalo.

Sudija: Šta vam je on?

Inga: On je bio moj ljubavnik dok... (U dvorani žagor). Dok nisam Kukaraču upoznala.

Sudija: Koliko je sudu poznato, vi s Tušurašvlijim niste bili u zakonitom braku.

Inga: (uporno). On je bio moj muž!

Sudija: Nastavite...

Inga: Kukarača je spavao. Odjedanput je u sobu, s naganom u ruci, ušao Murtalo. Ja sam od zaprepašćenja vrisnula, mada sam znala da će se to pre ili kasnije desiti. Kukarača je skočio, ali je već bilo kasno. Njegov pištolj bio je već u Murtala... (Inga je zaćutala.)

Sudija: Nastavite, molim.

— Zašto si došao? — upitao je Kukarača.

— Ti mene pitaš? — začudio se Murtalo.

— Inga i ja se volimo!

— Nije valjda. Jako?

— Murtalo, odloži oružje!

— Svoje, ili i tvoje?

— I jedno i drugo.

— A da nemaš lisice ovde? Staviću ih istovremeno i poći s tobom u miliciju.

— Tako bi i uradio, da imaš nešto u glavi... Kukarača je hteo da ustane.

— Pazi, digneš li se, dobijaš metak!

— Ne smeš! Ako ubiješ mene, streljanje ti ne gine!

— Šipak! Ja znam Krivični zakon kao „Oče naš".
Ubiću te na osnovu ljubomore i zaradiću pet, a s nategom
— osam godina. Divna cena za tvoju kurvu!

— Ubij i mene! — molila je Inga.

— Ne, mila! Za tebe je smrt blaženstvo, za njega mu-
ka... Ti moraš dugo živeti, dok ne iskopniš od tuge.

— Tako mi i treba! — rekao je Kukarača.

— Baš tako! Propala stvar! I znaš zašto? Zato što si ti
frajer a ne profesionalac, i ova kurva te je kupila.

Sudija: Zašto je Kukarača rekao: „Tako mi i tre-
ba!" I šta je optuženi imao u vidu kad je rekao „propala
stvar"?

Inga: Reč je o tome da je pre godinu dana Kukarača
zatekao kod mene ovog podlaca i na moju molbu ga je pu-
stio...

Sudija: (popridigavši se). Šta? Pustio?

Inga: Da. Vi niste poznavali Kukaraču... On je bio
blag, čist i bezgrešan...

Sudija: Nastavite.

Inga: Nemam šta da nastavim.

Murtalo je stavio prst na oba oroza.

— Jesam li ti rekao da ćeš sve upamtiti?

— Ne pucaj! — Kukarača je rekao mirno, kao sa ža-
ljenjem.

Sudija: A onda?

Inga: Onda je Murtalo zakoračio prema krevetu...

I Inga je napravila nekoliko koraka prema pregradi iza
koje je sedeo Murtalo, dohvatila nagan i opalila.

Odjeknulo je sedam pucnjeva. Potom je nastupila tiši-
na.

Inga je odbacila revolver, pala na pod i zajecala.

Kući sam se vratio o ručku. Mama mi je usula supu, i
sama je sela za sto, spremna da sluša. Ja sam ćutao i supe

se nisam ni dotakao. Onda je ona odmakla tanjir i stavila preda me kotlete i beo hleb, što sam ja voleo. Kad sam i to odbio, mama se zabrinula:

— Šta je, mališane, s tobom? Da nisi bolestan? — opipala je moje čelo.

— Danas su ispitivali Ingu.

— I šta je, nesrećnica, rekla?

— Opalila je u Murtala sedam metaka!

— Šta kažeš? U sudnici? Sedam pucnjeva?! — mama nije verovala svojim ušima.

— U sudnici.

— I ti si to video?

— Da.

Mama je ustala, pa je ponovo sela.

— I šta?

— Promašila je.

— Sedam puta?

— Sedam puta.

— Neverovatno — prošaptala je mama i otišla u kuhinju. Pošao sam za njom. Mama je sedela kod prozora, gledala u belu kupolu univerziteta i pušila. Spustio sam se na pod kraj nje i stavio glavu u njeno krilo. Dugo smo ćutali... Onda sam osetio blag dodir mamine tople ruke. Ona me je nežno milovala po kosi. Pogledao sam mamu. Niz obraze su joj tekle suze, brada joj je podrhtavala. — Promašila je, veliš? — upitala je ona.

Kimnuo sam. Mama je osetila jaku potrebu da zaplače, ali se savladala — umela je da vlada sobom moja ponosna mama.

Osetio sam kako me steže u grlu, zabio sam glavu u mamina kolena i zaridao — isprva tiho, za sebe, a onda glasno. Mama me nije umirivala, samo je njena ruka kao i pre milovala moju kosu. Plakao sam i za nju...

To se desilo 21. juna 1941. godine. A idućeg dana, 22. juna, ljudi su zaboravili na Kukaraču — strašna nesreća zadesila je naš narod: otpočeo je rat.

I samo jedanputa, godine 1943, teta-Marta se setila Kukarače i Inge i zaplakala — tada je u vojni komesarijat s fronta stiglo saopštenje o tome da je poginula medicinska sestra Inga Amiranovna Laliašvili.

A ja sam se Kukarače setio, tačnije: sanjao sam ga 12. oktobra 1979. godine, u 12 sati noću, pola sata pre moga drugog infarkta. I šta je bilo neobično: u snu, Kukarača je još uvek imao 21 ili 22 godine, a ja preko pedeset, ali me je on kao i pre poučavao i savetovao...

NODAR DUMBADZE

> *Vode odlaze i dolaze, a šljunak osta-*
> *je.*
>
> Grúzijska poslovica

Pisac *Kukarače* Nodar Dumbadze, najpopularniji prozaik današnje Gruzije, o kome je još za njegova života — kako on kaže u jednom intervjuu — napisano više no što je on sam kao pisac napisao, čija su dela, dok još nije bio navršio ni 40 godina, bila prevedena na sve jezike Sovjetskog Saveza i mnoge jezike svijeta, čiji su gotovo svi tekstovi dramatizovani i ekranizovani, koji je osvojio publiku od Tbilisija do Londona, kod nas, zbog jezičkih ili i drugih „barijera", gotovo uopšte nije poznat.

Nodar Dumbadze rodio se godine 1928. u Tbilisiju, a umro 1984. takođe u Tbilisiju. Odrastao je u selu Hidistavi, u Guriji, zapadnoj pokrajini Gruzije, postojbini najduhovitijih Gruzijanaca. Od davnina je gurijski narod poznat po izvanrednom smislu za šalu. Svaki događaj u životu, i onaj sasvim beznačajan i onaj sudbonosan, svaki uspjeh ili neuspjeh, radost i nevolju, pa čak i nesreću, Gurijci propraćaju vedrim dosjetkama i plemenitim humorom — kad su među ljudima. A kad se osame, oni mogu biti veoma osjetljivi, nježni i ranjivi poput djece. Te odlike gurijskog naroda ostavile su neizbrisiv pečat na cjelokupno djelo Nodara Dumbadzea.

Dumbadze pripada plejadi „šezdesetogodišnjaka" — tako su sebe prozvali pisci koji su u gruzijsku literaturu ušli šezdesetih godina ovog stoljeća. Bile su to burne godine velikih promjena u životu Gruzije, a ujedno i obnove gruzijske književnosti: namjesto dugačkih, mnogotomnih epopeja, čija radnja započinje 40-tih, 30-tih, pa i 20-tih godina, umjesto dilogija koje se vremenom pretvaraju u trilogije, pa u tetralogije, niču kratki kromani, pripovijetke, novele, skice, epizode. Umjesto strukture epopeja u čijoj se svakoj ćeliji ogleda predstavnik epohe, klase, tipa — javlja se kratko djelo s jednim, nereprezentativnim, jednostavnim, ponekad i neozbiljnim junakom; umjesto naprijed zadate šeme — romani-ispovijesti, „portreti duše"; umesto patetičnih tonova s jako kontrastiranim osjećanjima — jednostavnost izraza, obilje smijeha; umjesto „predstavnika klase" — „predstavnik roda ljudskog".

Krajem šezdesetih godina gruzijska književnost napušta istraživanja mikrosvijeta „predstavnika ljudskog roda" i stavlja težište na njegovo socijalno-psihološko određivanje, na odnos maštara-idealiste s postojećom stvarnošću. Pored istaknutih renomiranih pisaca (Š. Dadijani, 1874—1959, D. Šengelaja, 1896—1969) javlja se čitav niz mladih snaga: Tamaz Čiladze (1931), Otar Čiladze (1933) (obojica počinju kao pjesnici i kasnije, Otar mnogo kasnije, prelaze na prozu), R. Inanišvili (1926), V. Mrelašvili (1926), E. Kipijani (1924) i drugi. Neki od njih (npr. A. Sulakauri), koristeći se simbolikom i alegorijama, u traganju za novim izrazom daju estetizovane, od stvarnosti otrgnute, likove s naglašeno rafiniranom urbanom setom, u uslovnim situacijama.

Nasuprot njima, Dumbadze se pojavljuje kao jednostavan sasvim ovozemaljski pisac, s raskošnim arsenalom smijeha i humanizna. Od svih se razlikuje i od svih je „uspješniji" upravo zbog svoje veselosti, obješenjakluka njegovih junaka, fantastične nepredvidljivosti sižejskih rješenja, neukrotivog gurijskog humora. U mlađoj literaturi tog vremena zavladao je talas duhovitosti. I Dumbadze je tu pronašao osobit, originalni manir i u svoja djela unio kola-brenjonovski, punokrvan narodski smijeh. Pri tome se on naslanja na filozofsko-književnu tradiciju Voltera i gruzijsku Suhanu-Sabe Orbelijanija (1804—1883), koji je mudrost pronalazio u nestašluku.

Kao student ekonomskog fakulteta (završio ga je u Tbilisiju) Dumbadze je, pod pseudonimom Dževebe Dumbava bio glavni feljtonist u studentskom almanahu „Pirveli Shivni". U godinama studija objavio je i nekolike zbirke pjesama za djecu i o djeci (*Živio Gigilo*, poema *Manana* i dr.). Poezijom je ubrzo prestao da se bavi jer, kako sam kaže: „teško je biti srednji pjesnik", međutim, lirika ostavlja trajan trag u njegovim djelima. U razdoblju od 1957. do 1966. godine objavljuje pet knjiga pripovijedaka (*Seoski dječak, Gladijator, Tačno u osam* i dr.) Godine 1969. izlazi njegov prvi roman *Baka, Iliko, Ilarion i ja*, koji mu je i donio slavu i neobičnu popularnost. Glavni junak romana je nestašni obješenjak dječak Zurikela. Radnja se odvija u gurijskom selu, 1942. godine ali se rat pominje samo uzgredno i kratko. Roman je pun neobičnih dogodovština, začinjenih zdravim seoskim, gurijskim humorom, sav je „pjesma, mit i parabola", ka-

72

ko kaže jedan kritičar. To je i prvi roman iz ciklusa djetinjstva i rane mladosti. Njime se pisac „odužuje" „dobrim ljudima koji su u njegovu srcu, srcu dječaka koji je, tragičnom sudbinom oba roditelja, od djetinjstva osjećao neutoljivu glad za nježnošću, spasli gotovo usahlu biljku i napojili je životvornim sokovima".

U drugom romanu iz tog ciklusa — *Ja vidim sunce* — autor biografiju svog junaka (sad se on zove Sosoja) dopunjuje ratom: u malom gurijskom selu još ima šaljivih događaja, ali ima i neumitnih obilježja rata: to je i pusta cesta kojom su svi muškarci pošli na front, i ranjeni vojnik-Rus kome treba pomoći, i dezerter — bivši brigadir Datiko, i podvizi ratne djece... Dumbadze nije mogao da se zadrži na anegdoti i mitu, on ne može da zaobiđe istorijsku stvarnost.

Sunčana noć — studentske godine Dumbadzeovog junaka (Temura) — slika prelomno vrijeme Gruzije pedesetih godina. Autor još ne napušta humor, ali su veoma snažni ozbiljni tonovi, koji odgovaraju atmosferi protivurječnih događaja, realnih društvenih preokreta. Ovim romanom Dumbadze završava svoj „ispovijedni opus", tipičan za književnost „šezdesetogodišnjaka".

Godine 1967. pojavljuje se nov roman *Ne brini, mama* (prvobitni naslov *Igra žmurke*). Njime otpočinje drugi ciklus Dumbadzeovih romana, s „obradom teme". U tom romanu autor vragolastim, šaljivim pripovijedanjem slika svoje junake na pograničnoj karauli ali, uz preplitanje gruzijskog, ruskog i ukrajinskog humora (na karauli su vojnici iz raznih krajeva SSSR!), on dodiruje i veoma ozbiljne opštemoralne probleme.

Zamisao i umetnički materijal *Bijelih zastava* (1974), autor je u sebi nosio dvadesetak godina, dok nije jedanput, čitajući Bibliju, pronašao okvir u koji će staviti život-razgovore desetorice optuženih u istražnom zatvoru. On se plašio da čitaocu ne budu dosadni razgovori koji se u iščekivanju sudbine — sudske presude, odvijaju, sve vrijeme u istom prostoru, između četiri zatvorska zida. I : dugotraženi okvir je Nojev kovčeg! (Biblija i mit su uopšte od velikog uticaja na gruzijsku literaturu: Otar Čiladze, na primjer, dva obimna romana gradi na tom materijalu. A Dumbadze taj uticaj tumači riječima: te vječite teme „kao ogromne zvijezde sadrže izvanrednu energiju i imaju ogromnu moć, ona uvlači u sebe i u svoju orbitu i našu savremenost".) Desetorica optuženih ljudi su različitih zanimanja, sudbina, krivica, karaktera, životnog puta, pa čak i — različitog rječnika. Zajednička su im četiri zida, zatvorski režim, neizvjesnost i — smisao za humor, potom i nevjerovatan smisao za književnu tradiciju. U Gruziji se

73

i kriminalci izražavaju stihovima, govore metaforama. Kao što je kod nas Njegoš, tako su u Gruziji Šota Rustaveli i *Vitez u tigrovoj koži* opšte dobro.

Bijele zastave — „simbol dobra, milosrđa i ljubavi", ili zastave sa sasvim drugom simbolikom, bile su predmet žustre polemike. To je bio prvi roman koji nije dočekan jednodušnim aplauzom, a njime, po nekim mišljenjima, otpočinje nova faza Dumbadzeovog stvaralaštva.

Treći roman iz ovog ciklusa *Zakon vječnosti* daje nam bolničku sobu sa tri teška bolesnika, koji su preživjeli infarkt. To su: novinar, sveštenik i obućar. Sva ta trojica doživjela su onu, u literaturi poznatu „ružičastu maglu", odnosno najneposrednije suočavanje sa smrću. Pisac tako upečatljivo opisuje stanje novinara kome je „stalo srce", da se čitaocu uporno nameće utisak: autor je morao to sam da doživi! Uz karaktere i veoma originalne sudbine ove trojice bolesnika mi vidimo i druge „tipove" — i „crne" i „bijele". Vidimo ih u konkretnim situacijama koje podsjećaju na događaje koji su se sedamdesetih godina odigravali u Gruziji: pisac nije više „mitostvaralac", on sav uranja u postojeću stvarnost jer, kako sâm u jednom članku 1975. kaže: „Mi ne možemo da se lakomisleno odnosimo prema problemima koji se tiču moralnog zdravlja čitavog društva..." A prilazeći tim problemima, on ističe: „nijedan pojedinačni slučaj bez uopštavanja ne može postati istinska literatura."

Poslije ovog, očigledno posljednjeg romana, Dumbadze je objavio *Deset pripovijedaka,* od kojih kritičari najviše hvale kratku priču *Nezahvalni.* U svima njima on razmatra problem smrti, tj. čovjekov odnos prema smrti.

Svi Dumbadzeovi romani su relativno kratki, pisani lakim stilom, s mnogo dijaloga, a gotovo svi su podijeljeni na glave sa posebnim naslovima, i svaka od tih glava bi mogla da stoji samostalno i da se čita kao cjelina za sebe.

Dumbadze je pisac koji je, po riječima iz predgovora jednoj njegovoj knjizi, umio da „na život i ljude gleda očima dobrog i srdačnog prijatelja". Imao je izuzetan dar da svojim djelom pomaže ljudima. Čitaoci su svaku njegovu novu knjigu s nestrpljenjem iščekivali, i svaku bi propraćali hiljadama pisama. Svoje mnogomilionske čitaoce osvajao je dobrim, prostosrdačnim zaraznim smijehom i svojim osobenim humanizmom: humanizam je osnovna potka čitavog njegova djela. A taj humanizam je izazvao i živa sporenja u književnoj kritici. Koba Imedašvili je još poodavno rekao da Dumbadzeov junak želi da bude „podjednako dobar sa svima, dobar i pravičan prema svima", da on želi da njega *svi* vole i on da *sve* voli.

A sam autor smatra da težnja ka izražavanju humanizma, u njega kao i u ostalih gruzijskih pisaca, nije slučajna: ona predstavlja reagovanje na zlo, pošto humanizam i jeste ona „nepobjediva sila koja zlo pobjeđuje".

Humanizam, onaj koji čovjeku pomaže da se održi, da odoli slučajnim i neslučajnim životnim nedaćama, osnovni je motiv i pripovijesti *Kukarača*, u kojoj pisac govori o mladom, plemenitom, neustrašivom, pomalo naivnom i duševnom milicioneru jednog rejona Tbilisija i događajima koji su se u tom gradu dešavali posljednje mirne predratne godine.

V. Z.

SADRŽAJ

SADRŽAJ

SADRŽAJ

RAD
Beograd
Moše Pijade 12

*

Lektor
Jovanka Arsenović

*

Korektor
Milica Stambolić

*

Nacrt za korice
Janko Krajšek

*

Štampano
u 10.000 primeraka

*

Štampa
GRO „Kultura"
OOUR „Slobodan Jović"
Beograd
Stojana Protića 52

КАТАЛОГИЗАЦИЈА У ПУБЛИКАЦИЈИ (CIP)

894.631-31

ДУМБАДЗЕ, Нодар

    Kukarača / Nodar Dumbadze ; prevod i pogovor Vera Zogo-
vić. — Beograd : Rad, 1986 (Beograd : „Slobodan Jović"). — 74
стр. ; 19 см. — (Reč i misao. Nova serija ; 398)
Nodar Dumbadze: str. 70—74.

I Dumbadze, Nodar
1. Зоговић, Вера, п. пог. и прев.

894.631:929 Думбадзе Н.

ПК: а. Думбадзе, Нодар (1928—1984)

Обрађено у Народној библиотеци Србије, Београд

ISBN 86-09-00023-0